Hans-Jürgen Röder/Thomas Schiller (Hrsg.)

Aufstand der Friedfertigen

epd-Korrespondenten blicken zurück auf den Herbst 1989

epd Texte 22

CIP-Titelaufnahme der Deutschen Bibliothek
Aufstand der Friedfertigen: epd-Korrespondenten blicken zurück auf den Herbst 1989 / hrsg. von Hans-Jürgen Röder und Thomas Schiller. - Frankfurt am Main: Gemeinschaftswerk der Evang. Publizistik, Abt. Verl., 1999
(epd-Texte ; 22)
(GEP-Buch)
ISBN 3-932194-33-0

Titelbild: epd-bild/Schnabel
Umschlaggestaltung: Karl Heinz Thiel
Druck: Gemeinschaftswerk der Evangelischen Publizistik (GEP)
Buchbinderische Verarbeitung: Fa. Braun, Maintal

Die Reihe „epd-Texte“ wird verantwortet von der Zentralredaktion des Evangelischen Pressedienstes (Chefredakteur: Dr. Thomas Schiller), Redaktion epd-Dokumentation (verantwortl. Redakteur: Wulf Röhnert), Emil-von-Behring-Strasse 3, 60439 Frankfurt a. M.. (Die Ausgaben 1-18 der Reihe erschienen unter dem Namen „epd-Dokumentation“.)

Vorwort

Die Ereignisse im Herbst 1989, die zum Fall der Mauer führten, wären ohne das jahrzehntelange Engagement von Christen in der DDR nicht denkbar gewesen. Die evangelische Kirche hatte einen entscheidenden Anteil daran, dass während der vier Jahrzehnte der Teilung die Brücken zwischen Deutschen in Ost und West nicht abgebrochen sind. Bundespräsident Johannes Rau hat dies am 9. November 1999 bei der Synode der Evangelischen Kirche in Deutschland (EKD) in Leipzig unterstrichen.

Die Arbeit der Kirchen in der DDR wurde journalistisch begleitet durch den Evangelischen Pressedienst (epd), Deutschlands protestantische Nachrichtenagentur. In den ersten Jahrzehnten nach dem Mauerbau hat Reinhard Henkys, seit 1979 dann auch Hans-Jürgen Röder mit der epd-Berichterstattung aus dem Osten Deutschlands dazu beigetragen, dass das kirchliche Leben in der DDR die erforderliche Resonanz in westlichen Medien fand.

Zehn Jahre nach der Öffnung der innerdeutschen Grenze haben die Korrespondenten des epd zurückgeblickt auf die turbulenten Wochen von September bis Dezember 1989. Sie haben mit Akteuren von damals gesprochen, wie dem früheren sächsischen Landesbischof Johannes Hempel oder dem Pfarrer der Leipziger Nikolai-Gemeinde, Christian Führer. Sie haben aber auch unbekannt Gebliebene porträtiert wie die Familie Kuhn aus Sömmerda in Thüringen, die sich damals als eine der ersten in die bundesdeutsche Botschaft in Prag flüchtete und sich inzwischen eine neue Existenz in Bayern aufgebaut hat.

Schweigemarsch gegen Wahlbetrug bei den Kommunalwahlen vor der Berliner Sophienkirche am 7. Juni 1989 (epd-bild/Röder)

Die Texte über den Herbst der Wende sind als epd-Serie vom September bis Dezember 1999 von zahlreichen Zeitungen und Rundfunkanstalten veröffentlicht worden. Der vorliegende Band fasst sie noch einmal zusammen. Die Berichte und Interviews zeichnen diese entscheidende Phase deutscher Zeitgeschichte nach – nicht als erschöpfende historische Analyse, sondern als journalistische Schlaglichter auf den „Aufstand der Friedfertigen“ im Herbst 1989 und seine Folgen.

Thomas Schiller

Demonstration für Reisefreiheit vor der Nikolaikirche in Leipzig am 4. September 1989 (epd-bild)

Kirchenbund fordert Reformen

Festnahmen nach Friedensgebeten in Leipzig

In der Woche vom ***18. bis 24. September 1989*** *fordert die Synode des Bundes der Evangelischen Kirchen in der DDR grundlegende Reformen in Staat, Wirtschaft und Gesellschaft. Rechtsanwalt Vogel verhandelt mit Kanzleramtsminister Seiters über Ausreisewillige in der Ständigen Vertretung in Ost-Berlin.*

Montag, 18. September

Am Friedensgebet in der Nikolaikirche in Leipzig nehmen mehr als 1.800 Menschen teil. Wie in den beiden Wochen zuvor wird auch an diesem Tag die anschließende Demonstration vor der Kirche von den Sicherheitskräften mit Gewalt aufgelöst. Dabei kommt es zu mindestens 46 Festnahmen.

Dienstag, 19. September

Die Synodalen des DDR-Kirchenbundes fordern zum Abschluss ihrer Jahrestagung in Eisenach in einer ausführlichen Entschließung grundlegende Reformen in Staat, Wirtschaft und Gesellschaft. In einem Schreiben an die ungarischen Kirchen distanziert sich die Synode ausdrücklich von den Vorwürfen, die die DDR-Führung eine Woche zuvor nach der Öffnung der ungarischen Grenzen erhoben hatte. Ungarn habe gegen das Völkerrecht verstoßen, sich in die inneren Angelegenheiten der DDR eingemischt und betreibe ein „eiskaltes Geschäft mit DDR-Bürgern“, lauteten die Vorwürfe.

Das „Neue Forum“ beantragt beim DDR-Innenministerium und in elf Bezirken seine Zulassung als politische Vereinigung. In Warschau wird die bundes-

Volkspolizisten versperren an der Leipziger Nikolai-Kirche den Weg nach dem wöchentlichen Friedensgebet am 18. September 1989 (epd-bild)

deutsche Botschaft, in der sich über 120 DDR-Bürger aufhalten, wegen „Überfüllung“ geschlossen. In Fürbittandachten und Protesterklärungen fordern mehrere kirchliche und nichtkirchliche Basisgruppen die Freilassung der bei den Leipziger Friedensgebeten festgenommenen jungen Leute.

Mittwoch, 20. September

In einem Kommentar polemisieren das SED-Zentralorgan „Neues Deutschland“ und das FDJ-Blatt „Junge Welt“ in ungewöhnlicher Schärfe gegen Verlauf und Ergebnisse der Synode des DDR-Kirchenbundes in Eisenach.

Donnerstag, 21. September

ADN meldet, das Innenministerium habe die Anträge des „Neuen Forums“ auf Zulassung als politische Vereinigung abgelehnt. Ein Gericht in Leipzig verurteilt vier Demonstranten vom 11. September wegen „Zusammenrottung“ zu je vier Monaten Freiheitsstrafe.

Freitag, 22. September

In Bonn verhandelt der Ost-Berliner Rechtsanwalt Wolfgang Vogel mit Kanzleramtsminister Rudolf Seiters über Ausreisewillige, die in der Ständigen Vertretung in Ost-Berlin Zuflucht gesucht haben. SED-Chef Erich Honecker weist nach längerer Krankheit die 1. Sekretäre der SED-Bezirksleitungen fernschriftlich an, „diese feindlichen Aktionen“ im Keim zu ersticken.

Stellvertretend für die DDR-Volkskammer

Vor zehn Jahren suchte die Kirchenbundsynode nach Wegen aus „gesellschaftlichem Notstand"

Der Erwartungsdruck war groß, als am 15. September 1989 die Synode des Kirchenbundes in der DDR zu ihrer Jahrestagung im westthüringischen Eisenach zusammenkam. Innerkirchliche Konflikte über den Weg der Kirchen in der sozialistischen Gesellschaft, mehr noch aber die gesellschaftspolitischen Spannungen im Lande boten den 60 Kirchenvertretern einen äußeren Rahmen, der angesichts der Fülle an Problemen die Arbeit fast zu erdrücken drohte.

Die Erwartungen, die an sie gestellt wurden, hatte sich die Synode allerdings zu einem guten Teil selbst zuzuschreiben. Denn seit Gründung des Kirchenbundes 1969 war keine Tagung vergangen, in der nicht das zur Sprache kam, was Menschen in der DDR zu schaffen machte. Und Probleme gab es Ende der 80er Jahre genug: die sich zuspitzende Ausreisewelle, die desolate Wirtschaftslage, die unverhohlenen Wahlfälschungen oder auch die Unbeweglichkeit, mit der die SED-Altherrenriege an ihren Posten klebte - von der großen Kluft ganz zu schweigen, die zwischen der DDR-Wirklichkeit und dem bestand, was in den SED-gelenkten Medien darüber zu lesen und zu hören war.

Dabei stand es zwar nicht in der Macht der Kirchen, die ins Unerträgliche gesteigerte Schönfärberei zu beenden. Doch nach heftigen Auseinandersetzungen im Laufe des Jahres 1988 hatten sie immerhin erreicht, dass die Zensureingriffe der Behörden bei den kircheneigenen Wochenzeitungen weithin unterblieben. So, wie sich die Kirchenzeitungen zum Sprachrohr der engagierten Friedens-, Umwelt- und Menschenrechtsgruppen entwickelt hatten, erwarteten nicht wenige Menschen in der DDR auch von den Synodalen des Kirchenbundes ein klares Votum zur politischen und gesellschaftlichen Lage.

Die Synode wollte sich diesen Erwartungen gar nicht entziehen. Entsprechend intensiv waren denn auch die Diskussionen über den „gesellschaftlichen Notstand“, wie Friedrich Schorlemmer den Zustand in der DDR bezeichnete. Schon der Bericht der Konferenz der Kirchenleitungen zum Auftakt der Beratungen bekräftigte nicht nur den Anspruch der Kirche, sich „zu den Lebensfragen des Volkes“ zu äußern, sondern forderte auch grundlegende Veränderungen in Staat und Gesellschaft.

Was dann in der Aussprache über den Bericht gesagt wurde, hätte ebenso gut als Generaldebatte in die DDR-Volkskammer gepasst. Doch bis es auch dort zu solch offenen und engagierten Diskussionen kommen konnte, musste erst noch so manche der synodalen Forderungen selbst durch Mahnwachen, Fürbitten oder auch durch friedlichen Protest auf der Straße errungen werden.

Die Impulse, die von der Eisenacher Bundessynode ausgingen, haben dazu ihren eigenen Beitrag geleistet. Gemeint ist damit zum einen der Katalog von Reformforderungen, die von offener und öffentlicher Auseinandersetzung mit den Problemen im Lande bis zu freien und geheimen Wahlen und von Reisefreiheit für alle bis zum Recht auf friedliche Demonstrationen reichten. Gemeint ist damit aber auch die Ermutigung, die von der Synode auf die Gemeinden und ihre Gruppen im Lande ausging.

Von den Kirchengemeinden ist dieser Impuls durchaus verstanden und aufgenommen worden. Bestes Beispiel dafür war die Bereitschaft, ihre Kirchen dem aufkeimenden Erneuerungsprozess flächendeckend und in

Der Thüringische Landesbischof Werner Leich bei der Synode der Evangelischen Kirchen in der DDR am 16. September 1989 (epd-bild)

einem Maße zu öffnen - wie es nie zuvor, aber auch danach nicht mehr der Fall war. *Hans-Jürgen Röder*

Der lange Atem der Friedensgebete

Im Herbst 1989 behauptete sich Gewaltlosigkeit als politisches Prinzip

Mit größtem Argwohn reagierte die SED im Herbst 1980 auf den kirchlichen Vorschlag, den Buß- und Bettag mit einer DDR-weiten „Friedensminute“ zu begehen. Die Anregung stammte von der Evangelischen Jugend, die damals erstmals zu einer Friedensdekade unter dem Motto „Frieden schaffen ohne Waffen“ aufgerufen hatte. Als mahnender Höhepunkt sollten am Bußtag um 13 Uhr alle Glocken des Landes zum Gebet für den Frieden einladen.

Doch daraus wurde nichts, denn die SED witterte das Schlimmste: Konterrevolution oder Generalstreik. Grund war die schlichte Tatsache, dass der Bußtag immer auf einen Mittwoch fällt und in der DDR regelmäßig mittwochs um 13 Uhr die Sirenen auf ihre Funktionstüchtigkeit überprüft wurden. Zusammen mit dem Läuten der Glocken wäre wohl mancher an den Aufstand der Werftarbeiter im polnischen Danzig erinnert worden, der mit Glocken und Sirenen begann.

Dabei hatten die Initiatoren der Friedensminute alles andere als Aufstand oder gar Aufruhr im Sinn. Ihnen ging es vielmehr darum, auf die Gefahren militärischer Friedenssicherung hinzuweisen und für gewaltfreie Wege der

Konfliktbewältigung zu werben. Verständnis fanden sie bei der SED nicht. Das Vorhaben musste abgesagt werden. Doch der Grundimpuls wirkte auf verschiedene Weise fort: Vor allem in Form regelmäßiger Friedensgebete und -andachten, bei denen schon damals die brennende Kerze als Symbol der Hoffnung und der Gewaltlosigkeit eine zentrale Rolle spielte.

So laden die Leipziger Gemeinden und ihre Gruppen bereits seit 1982 - außer in den Sommerferien - jeden Montag um 17 Uhr zum Friedensgebet in die Nikolaikirche ein. Die Themen reichen von den weltweiten Gefährdungen des Friedens und den Opfern kriegerischer Gewalt bis zu den vielfältigen Formen von Friedlosigkeit in der eigenen Gesellschaft und in der Kirche. Und wie die Spannungen und Konflikte in der Gesellschaft zu- oder abnehmen, schwankt auch die Zahl der Teilnehmer an den wöchentlichen Friedensgebeten von wenigen Dutzend bis über 2.000, so dass die Kirche vor der Wende wiederholt wegen Überfüllung geschlossen werden musste.

An das Montagsgebet schloss sich erstmals Anfang September 1989 eine stumme Demonstration auf dem Platz vor der Kirche an. Sie wurde wie auch in den folgenden Wochen von Sicherheitskräften gewaltsam aufgelöst. Das teilweise brutale Vorgehen gegen die zumeist jungen Leute löste bald in der ganzen DDR eine Reihe von Mahnwachen und Fürbittandachten aus.

Anfang Oktober 1989 folgten weitere Gemeinden mit der Einladung zu regelmäßigen Friedensgebeten, in denen zunehmend auch die Bitte um gesellschaftliche Erneuerung zu einem zentralen Anliegen wurde. Wie in Leipzig entwickelten sich in Magdeburg, Halle oder Dresden, in Berlin oder Jena die Friedensgebete zu Orten, an denen sich Gleichgesinnte über gemeinsame Vorhaben verständigten. Zugleich boten sie die Möglichkeit, sich ungehindert über die Ereignisse im Land zu informieren.

Und wie in Leipzig gingen bald auch an anderen Orten die Menschen von den Friedensgebeten mit brennenden Kerzen auf die Straße. Ihr Ruf „Keine Gewalt“ und „Wir sind das Volk“ wurde bald durch politische Forderungen nach Presse- und Meinungsfreiheit, freie Wahlen, Rechtssicherheit oder auch nach Reisefreiheit ergänzt.

Die Bereitschaft, Konflikte auf friedlichem Weg beizulegen, machte es denn auch den Vertretern der neuen Parteien und Reformgruppen ab Dezember 1989 möglich, sich mit den alten politischen Kräften am Runden Tisch zusammen zu setzen. Die Ergebnisse der Beratungen mögen angesichts der rasanten Entwicklungen nach den ersten freien Wahlen im März 1990 längst Makulatur sein. Der Impuls, der 1980 von der „Friedensminute“ ausging, hat von seiner Bedeutung bis heute nichts eingebüßt.

Hans-Jürgen Röder

Angst vor der „chinesischen Lösung“

Pfarrer Schorlemmer erinnert an Bundessynode in Eisenach 1989

Die Sorge vor einer „chinesischen Lösung“ war nach den Worten des Wittenberger Pfarrers Friedrich Schorlemmer im Herbst 1989 bei Demonstranten und kirchlich Verantwortlichen in der DDR lange Zeit gegenwärtig. In einem Gespräch erinnerte er an die Ängste, die die Bilder von der Niederschlagung der Demokratiebewegung in

Peking vor zehn Jahren in der DDR-Bevölkerung hinterlassen hatten. Auch in den Kirchen sei damals intensiv darüber diskutiert worden, ob verantwortet werden könne, dass Menschen zu Tode kommen, wenn friedliche Demonstrationen mit Waffengewalt beendet würden.

Wenn damals von kirchlicher Seite aus Angst vor einem rigorosen Vorgehen der DDR-Sicherheitskräfte Bedenken gegen öffentliche Proteste geäußert wurden, sei es deshalb nicht darum gegangen, Entwicklungen zu bremsen, sondern um verantwortliches Handeln, fügte der frühere Friedenspreisträger des deutschen Buchhandels hinzu.

Trotz dieser Angst habe die Synode des Kirchenbundes in der DDR auf ihrer Tagung im September 1989 in Eisenach erstmals ihre Forderungen „ohne diplomatische Rücksichten“ ausgesprochen. Statt sich vermittelnd an die zuständigen Staatsvertreter zu wenden, habe sie einen breiten Katalog von Forderungen aufgestellt. Mit der Debatte über die gesellschaftspolitischen Entwicklungen in der DDR sei zudem vieles von dem aufgenommen worden, was an Belastungen in der DDR bestand. Die Synode wurde nach den Worten Schorlemmers so zur „Sprecherin des Volkes“ und damit zur „Volkskirche“.

Weitgehend einig sei sich die Synode allerdings auch darin gewesen, dass sie den Prozess der demokratischen Erneuerung in der DDR nicht durch Forderungen nach Wiedervereinigung gefährden dürfe, erklärte Schorlemmer, der dem Kirchenparlament lange Zeit selbst angehörte. Die meisten der Kirchenleute seien davon ausgegangen, dass die Sowjetunion es nicht hinnehmen werde, wenn die Wiedervereinigung auf die Tagesordnung der Demokratisierung gesetzt werde.

Zur kirchlichen Situation heute betonte Schorlemmer, die Kirche sei heute „hasenfüßiger“ als in Zeiten der

Diktatur und traue sich nicht recht, „das prophetische Wort“ zu sagen. Angesichts finanzieller Probleme sei sie zwischen den unterschiedlichen Lobby-Interessen „hin- und hergeworfen“. Nicht ihr Auftrag sei in der Kirche ausschlaggebend, sondern die Sorge, was der eine oder andere Kirchensteuerzahler sage, kritisierte Schorlemmer. Gleichzeitig leide die Kirche zunehmend darunter, dass die gesellschaftsengagierten Gruppen immer weniger Erwartungen an sie haben.

Erste Montagsdemonstration

Botschaftsflüchtlinge dürfen ausreisen

*In der Woche vom **25. September bis 1. Oktober 1989** sammeln sich erstmals mehrere tausend Menschen in Leipzig zu einer öffentlichen Demonstration nach dem Montagsgebet. In der Prager Botschaft teilt Bundesaußenminister Genscher den DDR-Flüchtlingen mit, dass die SED-Führung ihre Ausreise gestattet.*

Montag, 25. September

In Leipzig demonstrieren erstmals im Anschluss an das Montagsgebet gut 5.000 Menschen auf dem Altstadtring für Meinungs-, Versammlungs- und Reisefreiheit. Etwa ein Dutzend Demonstranten werden beim gewaltsamen Vorgehen von Sicherheitskräften festgenommen. In zahlreichen Orten der DDR finden Fürbittandachten für die bei friedlichen Demonstrationen inhaftierten Bürgerrechtler statt. Die mehr als 300 Teilnehmer einer Andacht in der Ost-Berliner Gethsemanekirche äußern „Wut und Enttäuschung“ über das staatliche Vorgehen gegen friedliche Demonstranten.

Dienstag, 26. September

Der Ost-Berliner Anwalt Wolfgang Vogel versucht, in der bundesdeutschen Botschaft in Prag die über 1.000 ausreisewilligen DDR-Bürger zur Rückkehr zu bewegen. Nur rund 200 Personen folgen seinem Drängen.

Mittwoch, 27. September

Bei einer Fürbittandacht in der Ost-Berliner Samariterkirche für die politischen Gefangenen in der DDR wird berichtet, dass die DDR-Behörden gegen Teilnehmer der

Leipziger Friedensgebete Ordnungsstrafen von mittlerweile über 60.000 Mark verhängt haben.

Donnerstag, 28. September

In der bundesdeutschen Botschaft in Warschau entschließen sich etwa 50 der 600 Botschaftsflüchtlinge zur Rückkehr in die DDR.

Freitag, 29. September

In Leipzig werden elf Demonstranten wegen „Zusammenrottung" zu Freiheitsstrafen bis zu sechs Monaten verurteilt. Die Dresdner Initiativgruppe „Demokratische Erneuerung" ruft dazu auf, Vorschläge für eine Reform des DDR-Wahlrechts zu erarbeiten.

Samstag, 30. September

In der Prager Botschaft eröffnet Außenminister Hans-Dietrich Genscher den fast 7.000 Flüchtlingen, dass ihnen die SED-Führung die Ausreise mit Reichsbahnzügen über das DDR-Gebiet in die Bundesrepublik zugesagt habe. Aus Warschau können die rund 800 Botschaftsflüchtlinge mit einem Zug der Reichsbahn nach dem Westen ausreisen.

Sonntag, 1. Oktober

In Ost-Berlin konstituiert sich die Reformgruppe „Demokratischer Aufbruch" mit den Pfarrern Rainer Eppelmann, Erhard Neubert, Edelbert Richter und Friedrich Schorlemmer. In einem Kommentar empfiehlt die DDR-Nachrichtenagentur ADN, den Botschaftsflüchtlingen „keine Träne" nachzuweinen.

Unter dem Dach der Prager Botschaft

Thüringer Familie wartete 1989 zwei Monate auf Ausreise

Die kleine Reisetasche war schnell gepackt. Am letzten Freitag im Juli 1989 brechen Susanne und Hubert Kuhn mit ihren drei Kindern zum Bahnhof im thüringischen Sömmerda auf. Für Nachbarn und Arbeitskollegen treten sie eine Wochenendreise zu den Großeltern an. Doch ihr eigentlicher Weg führt sie in eine andere Welt: in die Prager Botschaft und schließlich in die Bundesrepublik.

„Wir gehörten zu den ersten Flüchtlingen aus der DDR, die in die bundesdeutsche Mission in Prag kamen", erinnert sich Hubert Kuhn, der heute mit seiner Familie in einem kleinen Ort nahe der Stadt Hof in Oberfranken wohnt. Zwei Monate lebt die fünfköpfige Familie in einem 80 Quadratmeter großen Raum unter dem Dach der Botschaft, bis sie am 30. September zusammen mit rund 6.000 weiteren „Besetzern" über die DDR in den Westen ausreist. Der zweite Treck kommt mit mehr als 7.600 Flüchtlingen am 5. Oktober in Bayern an. Auch über die Botschaften in Warschau und Budapest verlassen Tausende Menschen im Herbst 1989 die DDR.

Von dem, was außerhalb ihrer vier Wände geschieht, bekommen die Kuhns zunächst nur wenig mit. In dem von Neonlicht erhellten Raum versuchen die Eltern, das Alltagsleben aufrecht zu erhalten. „Wir stellten für jeden Tag einen Plan auf", sagt die 40-jährige Hausfrau. Manchmal spielen die Kinder im Garten der Botschaft, die von Milizen umstellt ist. „Wir waren froh, dass das Tor geschlossen war und wir uns in Sicherheit befanden", beschreibt der Diplomingenieur die Stimmung in dieser Zeit.

Aus religiösen und politischen Gründen hatte er 1986 die Ausreise aus der DDR beantragt. „Vor allem meine Frau und ihre Familie waren stark in der Kirche aktiv", sagt Kuhn. Ihn hätten zudem die ständigen „unsinnigen" Konfrontationen bei seiner Arbeitsstelle im Rat des Kreises zermürbt. „Ich wollte mich zu keinem Bekenntnis zwingen lassen", sagt er. 1987 wird die Familie aus dem Grenzgebiet zwangsausgesiedelt.

1989 erreicht sie eine Antwort auf ihren Ausreiseantrag. Die Kuhns werden in der Ablehnung als „Staatsfeinde" gebrandmarkt. Als sie Drohungen erhalten und der heute 47-Jährige den Reservedienst in der NVA und das Militärgefängnis fürchten muss, fällt die Entscheidung für die Flucht über die Prager Botschaft.

Dorthin strömen im August 1989 immer mehr Flüchtlinge aus der DDR. Während die Kuhns im Dachzimmer noch über ein eigenes Waschbecken und einen Elektrokocher verfügen, wird am 26. August im Garten der Botschaft das erste Zelt aufgebaut. Ende September platzt die Anlage aus allen Nähten. Mütter mit Kindern werden bei der Familie einquartiert. „Für die Erwachsenen blieb kaum etwas zu essen", sagt Susanne Kuhn. Auch die Waschmöglichkeiten sind erschöpft.

Hungrig, schmutzig und übernächtigt kommt die Familie schließlich am frühen 1. Oktober auf dem Bahnhof in Hof an. Empfangen wird sie mit Blasmusik und einer Starthilfe des Deutschen Roten Kreuzes in Höhe von 1.200 Mark. Bereits im Sommer findet Kuhn eine erste Arbeitsstelle. Inzwischen ist er als Bauoberrat im bayerischen Landesdienst beschäftigt und längst Beamter. „Es hat sich mehr erfüllt, als wir erwartet haben", sagt Susanne Kuhn.

Doch nicht alle Flüchtlinge, zu denen die Familie noch Kontakt hält, haben den Übergang so gut bewältigt. „Die meisten hatten weitaus mehr Schwierigkeiten", weiß ihr Ehemann. Etliche hätten keine Arbeit, ein Großteil der Ehen sei auseinandergebrochen. Viele seien enttäuscht, sagt Kuhn. Ihr „Traum" vom Westen habe sich nicht erfüllt. Warum es ihm besser erging, erklärt er sich auch so: „Wir haben keine Illusionen gehabt."

Sabine Henning

40 Jahre DDR

„Wer zu spät kommt, den bestraft das Leben“

*In der Woche vom **2. bis 8. Oktober 1989** begeht die DDR ihr 40-jähriges Bestehen. Der sowjetische Staats- und Parteichef Gorbatschow erklärt angesichts des Reformunwillens der DDR-Führung vor Journalisten: „Wer zu spät kommt, den bestraft das Leben“. Sicherheitskräfte gehen brutal gegen Demonstranten vor.*

Montag, 2. Oktober

Auf dem Leipziger Altstadtring beteiligen sich über 20.000 Menschen an der Montagsdemonstration. 2.500 Menschen hatten zuvor am wöchentlichen Friedensgebet in der Nikolaikirche teilgenommen. Die Sicherheitskräfte setzen erstmals Betriebskampfgruppen ein. Zahlreiche Demonstranten werden verletzt, viele Teilnehmer festgenommen. An der Ost-Berliner Gethsemanekirche beginnt eine Mahnwache für die politischen Gefangenen in der DDR. Sie wird begleitet von täglichen Fürbittandachten sowie Berichten über das Vorgehen der DDR-Sicherheitskräfte gegen friedliche Demonstranten.

Dienstag, 3. Oktober

4.500 DDR-Bürger haben in Prag auf dem Gelände der bundesdeutschen Botschaft Zuflucht gesucht. Am Abend erlaubt die DDR ihre Ausreise. Der visafreie Reiseverkehr in die CSSR wird ausgesetzt. Damit ist für DDR-Bürger kein Land mehr nur mit dem Personalausweis erreichbar.

Das evangelische Stadtjugendpfarramt hat am 6. Oktober 1989 zum Thema „Wie nun weiter, DDR?“ in die Ost-Berliner Erlöserkirche eingeladen (epd-bild/Schoelzel)

Mittwoch, 4. Oktober

In Prag beginnt die Ausreise von über 7.000 DDR-Bürgern in Sonderzügen über das DDR-Gebiet. Am Dresdner Hauptbahnhof versuchen rund 5.000 Menschen, sich Zugang zu den Flüchtlingszügen zu verschaffen. Die Sicherheitskräfte gehen mit Schlagstöcken und Wasserwerfern vor. Aus dem gewaltsamen Widerstand entwickelt sich eine Straßenschlacht, bei der sämtliche Scheiben des Bahnhofs zu Bruch gehen sowie Fahrzeuge in den angrenzenden Straßen demoliert werden. Die DDR-weite Reformgruppe „Neues Forum“ warnt vor Gewalt in der politischen Auseinandersetzung.

Donnerstag, 5. Oktober

In Magdeburg und Dresden lösen Sicherheitskräfte die Demonstrationen von ausreisewilligen DDR-Bürgern auf. Der vom „Neuen Forum“ Anfang September veröffentlichte Aufruf verzeichnet bereits über 10.000 Unterschriften. Die SED-Führung lässt etwa 100 DDR-Bürger ausreisen, die zuvor mehrere Tage die Kreuz- und die Dreikönigskirche in Dresden besetzt hatten. An den innerstädtischen Grenzübergängen Berlins wird zahlreichen West-Besuchern die Einreise in die DDR verwehrt.

Freitag, 6. Oktober

In der Ost-Berliner Erlöserkirche treffen sich erstmals Vertreter der fünf überregionalen Reformgruppen und fordern in einer gemeinsamen Erklärung eine demokratische Umgestaltung der DDR sowie freie Wahlen unter UN-Kontrolle.

Der sowjetische Staats- und Parteichef Michail Gorbatschow trifft zu den Feierlichkeiten anlässlich des 40-jährigen Bestehens der DDR in Ost-Berlin ein. Vor Jour-

Während der Demonstration zum 40. Jahrestag der DDR-Gründung am 7. Oktober 1989 (epd-bild)

nalisten erklärt er diplomatisch, aber unmissverständlich: „Wer zu spät kommt, den bestraft das Leben."

Samstag, 7. Oktober

In Ost-Berlin beginnt das Staatsjubiläum mit einer Militärparade. Am frühen Abend hat die DDR-Führung zu einem Festbankett in den weiträumig abgesperrten Palast der Republik eingeladen. Auf dem nahe gelegenen Alexanderplatz treffen sich erneut zahlreiche junge Leute, um gegen die Fälschung der Kommunalwahlen vom Mai zu demonstrieren. Besucher des Volksfestes aus Anlass des „Republikgeburtstags" schließen sich ihnen an und fordern in Sprechchören wie „Gorbi, Gorbi", „Neues Forum" und „Demokratie - jetzt oder nie" politische und gesellschaftliche Reformen. Tausende Demonstranten ziehen anschließend mehrere Stunden lang von der Innenstadt in den Prenzlauer Berg zur Gethsemanekirche und von dort wieder zur Innenstadt, wo Sicherheitskräfte die friedliche Demonstration gewaltsam auflösen. Viele werden verletzt, zahlreiche festgenommen und misshandelt. Am selben Abend kommt es auch in Arnstadt, Dresden, Ilmenau, Karl-Marx-Stadt, Magdeburg, Plauen und Potsdam zu friedlichen Demonstrationen. In Schwante bei Berlin gründen 43 Teilnehmer einer Zusammenkunft die „Sozialdemokratische Partei in der DDR" (SDP).

In einem ARD-Fernsehinterview ruft der Vorsitzende des DDR-Kirchenbundes, Landesbischof Werner Leich (Eisenach), die Menschen in der DDR zu Besonnenheit und Geduld auf. Die „hochgradige Erregung" in der Bevölkerung dürfe sich „nicht auf der Straße entladen". Zur Massenflucht sagt er: „Jeder, der geht, fehlt uns einfach."

Sicherheitskräfte beenden in Ost-Berlin gewaltsam die Demonstration am 40. Jahrestag der DDR-Gründung (epd-bild/Schoelzel)

Sonntag, 8. Oktober

In Ost-Berlin kommt es im Anschluss an die tägliche Fürbittandacht für die politischen Gefangenen in der DDR erneut zu einer Demonstration, an der sich wieder Tausende Menschen beteiligen. Die Sicherheitskräfte riegeln alle Straßen im Umfeld der Gethsemanekirche ab und lassen erst nach Intervention von Bischof Gottfried Forck die Gottesdienstbesucher in kleinen Gruppen passieren. Dennoch bildet sich ein friedlicher Protestzug, der mit brutaler Gewalt aufgelöst wird.

„Wer zu spät kommt, den bestraft das Leben"

Der 40. Jahrestag bot keinen Anlass mehr zum Jubeln

Die offiziellen Medien des Landes feiern den 40. Gründungstag der DDR am 7. Oktober 1989. Über die Fernsehschirme flimmern die Bilder von der Ankunft ausländischer Staatsgäste. Doch entgegen der üblichen Praxis wird die Fahrtroute des sowjetischen Staats- und Parteichefs Michail Gorbatschow vom Flughafen zu seiner Residenz geheim gehalten. Trotzdem wird er von Zehntausenden begeistert mit den Rufen „Gorbi, Gorbi" begrüßt. Dabei sind weder Betriebsdelegationen noch Schulklassen zum Jubeln bestellt.

Ganz anders auf dem Berliner Alexanderplatz: In einem pompösen Staatsakt sollen noch einmal Ruhm und Ehre für die Deutsche Demokratische Republik beschworen werden - eine Demonstration von Begeisterung und Ergebenheit für den Staat, die SED und deren Führung. Nach der Militärparade vor Staatsführung und ausländischen Gästen ist ein fröhliches Volksfest angeordnet.

Doch gelöste Feierstimmung will sich nicht so recht einstellen: Für viele, vor allem junge Leute, hat der 7. des Monats eine ganz andere Bedeutung. Sie wollen mit einem Pfeifkonzert an die Fälschung der Ergebnisse der Kommunalwahlen vom 7. Mai erinnern. Stasi-Chef Erich Mielke ist vorbereitet und hat in seinem Tagesbefehl besondere Wachsamkeit angeordnet. „Feindlich-negative Aktivitäten sind mit allen Mitteln entschlossen zu unterbinden", heißt es dort.

Polizei und Sicherheitskräfte gehen, schon bevor es zu demonstrativen Handlungen kommt, hart gegen die Versammelten vor und versuchen, die Menge auseinander zu treiben. Sie greifen Einzelne heraus, es kommt zu ersten „Zuführungen". Diese gehen weiter als sich spontan ein Demonstrationszug entwickelt, der sich auf die Gethsemanekirche im Prenzlauer-Berg zu bewegt. Dort soll an diesem Abend wieder eine Mahnwache gehalten werden.

Doch der Zug erreicht sein Ziel nicht. Einsatzkräfte knüppeln auf die Menschen ein und zerren sie auf Lastwagen - ein systematisches und gezieltes Vorgehen, wie die dokumentierten Befehle von Erich Mielke belegen. Vor den Augen der Welt, die allerdings nur kurze, unter Gefahr gedrehte Fernsehaufnahmen westlicher Kamerateams sieht, geht damit der 40. Jahrestag der DDR zu Ende. Aufzeichnungen und Protokolle des Kontakt-Telefons der Gethsemanekirche machen später das ganze Ausmaß des brutalen Einsatzes der Sicherheitskräfte sichtbar.

Auch an anderen Orten im Land waren an diesem Tag Veränderungen in Gang gesetzt worden, die kaum noch aufzuhalten waren. Zwar hatte Gorbatschow am Rand des FDJ-Fackelzuges am 6. Oktober noch einen guten Rat für die Genossen aus dem Politbüro parat: „Wer zu spät kommt, den bestraft das Leben.“ Aber sie hatten ihn wohl nicht richtig verstanden und hielten sich an die Parole, die Staats- und Parteichef Erich Honecker kurz zuvor bei der Präsentation des ersten „Ein-Mega-Bit“-Chips der DDR ausgab: „Den Sozialismus in seinem Lauf, halten weder Ochs noch Esel auf.“

Erst am 8. Oktober erhält Mielke einen umfassenden Lagebericht aus „der Hauptstadt und den Bezirken der DDR“. SED-Genossen äußern ihre Besorgnis: „In zahlreichen Stellungnahmen und Eingaben von Werktätigen kommt zum Ausdruck, dass das System der Führung und Leitung politischer, ideologischer und wirtschaftlicher Prozesse in der DDR erstarrt sei.“ Verkrampft wird nach Lösungsmöglichkeiten gesucht, „strategische Entwicklungslinien“ werden aufgestellt. Doch auch wenn das Regime erst angeschlagen ist, der Zeitpunkt für Veränderungen unter der Herrschaft der SED ist längst vertan.

Hartmut Lorenz

Christian Führer, Pfarrer der Leipziger Nikolaikirche (epd-bild/Endig)

„Panzer fuhren auf und vor uns saß die halbe DDR“

Leipziger Nikolaikirche gab Anstoß zur friedlichen Revolution

Im Café gegenüber der Nikolaikirche sitzen Leipziger und Touristen im Herbst 1999 unter großen Sonnenschirmen mit der Aufschrift „Reudnitzer Pilsner“. Leicht nach vorn gebeugt eilt Pfarrer Christian Führer über den altehrwürdigen Platz. Ein Blick auf die Reklame genügt, und schon ist er in seinem Element. „Immerhin, die Friedensgebete in unserer Kirche haben die Brauerei gerettet“, sagt er. Und dann kommt der 56-Jährige mit dem grauen Mecki-Schnitt so richtig in Fahrt: „Eine himmelschreiende Ungerechtigkeit war das, als auch dieser Betrieb 1997 abgewickelt werden sollte.“

Die Belegschaft der Brauerei blieb nicht die einzige, die sich nach der deutschen Einheit Hilfe suchend an die Leipziger Nikolaigemeinde wandte. „Auch den Metallbetrieb Hartmann und Braun haben wir durch die Friedensgebete vor der Abwicklung bewahrt“, sagt Führer. „Die Schwelle unserer Kirchentür ist auch für Nichtchristen so niedrig, dass sie in ihrer Not zu uns kommen.“ Das gilt nicht erst seit dem Herbst 1989, in dem die Friedensgebete in der Nikolaikirche weit über die Grenzen der Stadt hinweg bekannt wurden.

Auf dem Boden in seinem Arbeitszimmer stehen zahlreiche Ordner. Die Geschichte seit Anfang der 80er Jahre als der aus einem sächsischen Pfarrhaus stammende vierfache Vater nach Leipzig kam, ist in unzähligen losen Blättern festgehalten. Dazu zählen auch die Texte der Montagsgebete, zu denen die Gemeinde seit 1982 Woche für Woche einlädt. Im Herbst 1989 waren sie der Ausgangspunkt für die friedlichen Demonstrationen, an denen sich bis zu 500.000 Menschen auf dem Leipziger Altstadtring beteiligten.

Den Anstoß dazu hatten Anfang der 80er Jahre die Friedensdekaden gegeben, zu denen die evangelischen Kirchen in der DDR seither unter dem Motto „Frieden schaffen ohne Waffen“ alljährlich einladen. Dazu kamen mal 60 oder 100 Teilnehmer. Später, als sich auch die Ausreisewilligen dazugesellten, vervielfachte sich der Zulauf. „Dürfen wir denn in die Kirche kommen, auch wenn wir keine Christen sind“, hatten damals nicht wenige Pfarrer Führer gefragt.

Vor der Kirche stehen Fahrradständer mit der Aufschrift „Nikolaikirche, offen für alle“. Sie stammen aus dem Jahr 1985, jener Zeit, als sich im Osten Resignation breit machte. „Der DDR-Staat, der das Aufstellen verhindern wollte, hatte als erster kapiert, worum es ging“, sagt Führer: „Leere und verschlossene Kirchen mit ein paar alten Omas drin, das wäre ihm gerade recht gewesen.“

Unvergesslich bleibt für Führer der 9. Oktober 1989. An diesem Tag stand alles auf Kippe. Denn kein Mensch wusste ob bei der Demonstration im Anschluss an das Friedensgebet geschossen wird. Schon morgens hatte der Pfarrer Morddrohungen bekommen. „Wir brennen dir die Bude ab“, hatten Stasi-Leute angekündigt. Ab Mittag wurde das Stadtzentrum gesperrt, Schulen und Betriebe geschlossen und in den Krankenhäusern Blutkonserven bereitgestellt. „Die Panzer fuhren auf und in der Kirche saß die halbe DDR“, erinnert sich Führer. Von der Ostsee bis zum Erzgebirge waren die Menschen angereist.

Auf dem Platz vor der Kirche wurden sie nach dem Montagsgebet von Zehntausenden mit Kerzen erwartet. 70.000 Menschen demonstrierten an diesem Abend friedlich auf dem Leipziger Ring. Er selbst sei mit dem

Küster an der Kirche geblieben. „Falls geschossen wird, sollten die Menschen in unsere Kirche fliehen können", sagt Führer. Dass es an diesem Montag friedlich geblieben ist, versteht er nach wie vor als ein „Wunder Gottes".

Bettina Röder

Frühere Bürgerrechtlerin Birthler für „Emanzipation" der Ostdeutschen

Gegen „klagende Opferhaltung"

Eine „Emanzipation" der Ostdeutschen ist nach Ansicht der früheren DDR-Bürgerrechtlerin Marianne Birthler die Voraussetzung für die innere Einheit in der Bundesrepublik. Zehn Jahre nach der friedlichen Revolution werde in den neuen Bundesländern derzeit oft eine „klagende Opferhaltung gepflegt", kritisierte die Mitarbeiterin der Bundestagsfraktion von Bündnis 90/Die Grünen in einem Gespräch. Der notwendige „Emanzipationsprozess Ost" sei jedoch vor allem eine Aufgabe, der sich die Ostdeutschen selbst widmen müssen. Er dürfe sich nicht darin erschöpfen, „Forderungen an die andere Seite zu stellen".

Den Westdeutschen warf Birthler vor, sie hätten den früheren DDR-Bürgern nicht die Chance gegeben, zu lernen und „ihre eigenen Fehler zu machen". Dies und die fehlenden Erfahrungen der Ostdeutschen im Umgang mit der Demokratie hätten zu einer „unguten Stimmung" geführt. Im Herbst 1989 hätten sich die Bürger der DDR zwar von der „Bevormundung durch die SED" befreit, unterstrich Birthler, die damals in der evangelischen Jugendarbeit tätig war und der Initiative „Frieden und Menschenrechte“ angehörte. Dies sei ein wichtiger Schritt gesellschaftlicher Emanzipation gewesen. Man könne jedoch nicht davon sprechen, „dass da ein Ziel erreicht worden ist“.

Zu den Ereignissen im Herbst vor zehn Jahren sagte die frühere brandenburgische Bildungsministerin, von einer breiten Demokratiebewegung könne nicht die Rede sein: „Die Opposition in der DDR war klein und schwach“. Sie habe lediglich für kurze Zeit dem „sich sammelnden Protest“ und der wachsenden Unzufriedenheit der DDR-Bevölkerung „Stimme und Form“ verliehen. Daraus habe man „große Kraft“ geschöpft. Für wenige Wochen seien sich alle einig gewesen, „dass es so nicht weiter geht“. Nach der Wende seien die Oppositionsgruppen jedoch wieder in eine „Minderheitensituation“ geraten.

70.000 bei der Montagsdemonstration

Forderung nach Reisefreiheit und „echten Wahlen“

*In der Woche vom **9. bis 15. Oktober 1989** steigt die Zahl der Demonstranten im Anschluss an das Montagsgebet in Leipzig auf über 70.000 an. In Ost-Berlin fordert Konsistorialpräsident Manfred Stolpe Reisefreiheit für alle DDR-Bürger.*

Montag, 9. Oktober

In Leipzig demonstrieren im Anschluss an das Montagsgebet in der Nikolaikirche und anderen Kirchen über 70.000 Menschen für politische Reformen. Sie werden von einem erheblichen Aufgebot an Sicherheitskräften begleitet, aber nicht behindert. Zuvor hatte Bischof Johannes Hempel die Teilnehmer der Friedensgebete in den vier von ihm nacheinander aufgesuchten Kirchen ermahnt, sich bei der Demonstration nicht provozieren zu lassen. Im gleichen Sinne riefen tagsüber Gewandhaus-Kapellmeister Kurt Masur und andere Prominente zu Gewaltlosigkeit auf.

In der überfüllten Gethsemanekirche in Ost-Berlin fordern Bischof Gottfried Forck und andere „glaubwürdige Schritte“ hin zu einem demokratischen und sozialen Rechtsstaat. In Dresden trifft Oberbürgermeister Wolfgang Berghofer erstmals mit Vertretern der Kirchen und Reformgruppen zu einem Gespräch über die angespannte Situation in der Stadt zusammen.

Dienstag, 10. Oktober

Die Mitglieder des SED-Politbüros unterstreichen in einer Erklärung, die erstmals Bereitschaft zu einem Dialog signalisiert, dass es sie nicht „gleichgültig“ lasse,

Fürbittandacht in der Ost-Berliner Gethsemane-Kirche
am 9. Oktober 1989 (epd-bild)

„wenn sich Menschen, die hier arbeiteten und lebten, von unserer Deutschen Demokratischen Republik losgesagt haben".

Donnerstag, 12. Oktober

Bischof Forck, Konsistorialpräsident Manfred Stolpe und Generalsuperintendent Günter Krusche mahnen in einem Gespräch mit dem Ost-Berliner Oberbürgermeister Erhard Krack Reisefreiheit, freie Medien und Mitsprache der Bürger bei gesellschaftspolitischen Entscheidungen an.

Freitag, 13. Oktober

Die DDR-Generalstaatsanwaltschaft kündigt die Freilassung der bei den Demonstrationen Festgenommenen an. In einem Interview der Ost-Berliner Tageszeitung „Neue Zeit" fordert der stellvertretende Vorsitzende des DDR-Kirchenbundes, Konsistorialpräsident Stolpe, „echte Wahlen" und Reisefreiheit für alle Bürger in der DDR. In einem Schreiben an Ministerpräsident Willi Stoph protestiert Bischof Forck gegen das brutale Vorgehen der Sicherheitskräfte gegen friedliche Demonstranten am 7. und 8. Oktober.

Samstag, 14. Oktober

In Ost-Berlin beraten über 100 Vertreter des „Neuen Forums" aus der gesamten DDR über gemeinsame Aufgaben und Ziele. In einem Brief an die Gemeinden der Thüringer Kirche appelliert der Vorsitzende des DDR-Kirchenbundes, Landesbischof Werner Leich (Eisenach), an die Sicherheitskräfte, auf Gewalt gegen friedliche Demonstranten zu verzichten. Der sächsische Landesbischof Hempel appelliert in einem Hirtenbrief an die SED-Führung, sich dem Gespräch mit jungen Leuten über deren Enttäuschung und Verbitterung, aber auch über deren Wünsche zu stellen.

Sonntag, 15. Oktober

Tausende von Menschen demonstrieren in Halle und Plauen für demokratische Reformen. In der Ost-Berliner Erlöserkirche beteiligen sich zahlreiche Musiker und Künstler an einem Benefizkonzert für die Opfer der Übergriffe bei den friedlichen Demonstrationen am 7. und 8. Oktober. Dabei wird wiederholt die Forderung erhoben, die Gewalttätigkeiten in Ost-Berlin, Dresden und anderen Städten durch unabhängige Kommissionen untersuchen zu lassen.

Freiheit ist größter Wert der Wiedervereinigung

Interview mit dem sächsischen Altbischof Johannes Hempel

Der frühere sächsische Landesbischof Johannes Hempel (70) hat die Freiheit als größten Wert der deutschen Wiedervereinigung bezeichnet. In einem Interview äußerte sich der evangelische Theologe in Dresden über den Beitrag der Kirche zur Wende in der DDR vor zehn Jahren. Mit Hempel, der von 1991 bis 1997 auch stellvertretender Ratsvorsitzender der Evangelischen Kirche in Deutschland war, sprach Roland Kauffmann.

epd: Herr Hempel, die evangelische Kirche hatte einen entscheidenden Anteil an der Wende in der DDR. Warum bekam sie vor zehn Jahren einen so enormen Zulauf?

Hempel: Der Zulauf der Menschen zur Kirche war nicht Folge einer „Erweckung", sondern einer politischen Alternativlosigkeit. Wir haben ihnen ein Dach geboten. Und zu einem Dach gehören Mauern. Wir haben ihnen also ein Haus geboten. Das war keine Kleinigkeit. Es war lebensnotwendig für die revoltierenden Bürger, sich irgendwo auszutauschen. Da waren die kirchlichen Räume das einzige, was es gab. Auch für die Kirche war das nicht selbstverständlich, aber ich bin der Meinung: es war völlig richtig und wir würden es wieder so machen.

epd: Als in Leipzig und Dresden im Oktober 1989 die Situation zu eskalieren drohte, haben Sie und andere Vertreter der Kirchen zur Mäßigung aufgerufen. Woher hatten Sie die Zuversicht, damit etwas bewirken zu können?

Hempel: Die Mahnung zur Besonnenheit und die Zuversicht waren eine Folge unseres Glaubens. Nicht nur wir waren uns im Klaren darüber, dass eine Gewaltanwendung seitens der Bürger zum Leid und Nachteil Vieler führen würde. Das wollten wir vermeiden.

epd: Welche Vorstellung hatten Sie damals, wie die Veränderungen in der DDR aussehen könnten?

Hempel: Ich habe wie die meisten anderen auf wirklich tief greifende Reformen des gesellschaftlichen Lebens gehofft. Das war unser Ziel und das der meisten Basisgruppen.

epd: Glaubten Sie an den Zusammenbruch des SED-Regimes?

Fastenaktion in der Gethsemane-Kirche in Ost-Berlin aus Protest gegen Festnahmen in Leipzig, Potsdam und Ost-Berlin (epd-bild)

Hempel: Nein, ich hätte es nicht zu hoffen gewagt. Ich habe gedacht, die DDR-Führung werde sich schon wieder durchwursteln, also irgendwie an der eigenen Machterhaltung festhalten und sehen, wie sie durchkommt.

epd: Welche Bedeutung hatte für Sie die Grenzöffnung?

Hempel: Ich halte sie für ein Wunder Gottes. Viele Menschen haben dazu beigetragen. Der Respekt vor ihnen und die Dankbarkeit sollen ungeschmälert sein. Aber was da alles zusammengekommen war von Helsinki über Gorbatschow und Solidarnosc, die ökonomische Misere, die überalterte, sture Regierung: all das konnten wir nicht organisieren. Und deshalb spreche ich von einem Wunder.

epd: Was hat sich seither im Leben der Deutschen im Osten positiv verändert?

Hempel: Die Freiheit, deren Wert wir wirklich erst kennen, seit wir sie haben. Über die Freiheit denken, reden und sie sich wünschen, ist das eine. Sie aber wirklich haben, ist der beste Lehrmeister für ihren Wert. Das ist das Hauptsächliche. Ich füge hinzu: dass wir wieder ein Volk sind, eine Nation, bei allem, was man da auch kritisch anmerken kann. Ich bin gern Deutscher und das ist ein ungeheurer Wert. Das Reisen kommt dazu. Dass wir auch Sorgen haben, weiß jeder.

epd: Was scheint Ihnen das größte Manko zu sein?

Hempel: Die unterschiedliche ökonomische Lage der Bürger im Westen Deutschlands und derer im Osten. Wir hatten keine Gelegenheit, Kapital zu speichern. Wir haben fleißig gearbeitet, es hat aber kein Kapital gebracht. Das merkt man heute, wo man es bräuchte.

epd: Sind sich die Deutschen inzwischen näher gekommen?

Hempel: Wir sind uns in vielem näher gekommen. Wir haben einander zugehört, jedenfalls in kirchlichen Kreisen, aber es haben sich auch Entfremdungen verfestigt. Die Einheit ist noch nicht verwirklicht, aber ein gutes Stück vorangekommen. Das wird auch noch lange dauern. Die gesamtgesellschaftlichen Folgen der 40-jährigen Teilung sind nicht so leicht aus der Welt zu schaffen.

epd: Wenn Sie den Deutschen einen Rat für die Zukunft geben würden: wie würde er lauten?

Hempel: Habt Geduld und Mut. Geduld miteinander, Mut zueinander, miteinander reden und einander zuhören.

Honecker tritt zurück

Friedliche Demonstrationen weiten sich aus

*In der Woche vom **16. bis 22. Oktober 1989** beteiligen sich 120.000 Menschen in Leipzig an der Montagsdemonstration. DDR-Staats- und Parteichef Erich Honecker tritt zurück.*

Montag, 16. Oktober

An der friedlichen Demonstration im Anschluss an das Montagsgebet in der Leipziger Nikolaikirche beteiligen sich mehr als 120.000 Menschen. ADN meldet erstmals den friedlichen Verlauf. „Der Zurückhaltung der Sicherheitskräfte und der eingesetzten Ordnungskräfte ist es zu danken, dass es zu keinen Ausschreitungen kam", heißt es in der Meldung. Gewaltfreie Demonstrationen für demokratische Reformen werden an diesem Tag auch aus Ost-Berlin, Dresden, Halle, Magdeburg und Plauen gemeldet. In Dresden bekräftigen Vertreter der evangelischen und der katholischen Kirche in einem Gespräch mit Oberbürgermeister Wolfgang Berghofer die Forderung nach demokratischen Reformen. In Potsdam kommt es zum ersten Gespräch zwischen Vertretern des „Neuen Forums" und Repräsentanten von Stadt und SED.

Dienstag, 17. Oktober

Aus Warschau werden die ersten Botschaftsflüchtlinge nach Düsseldorf ausgeflogen. In Leipzig und Neubrandenburg bekräftigen Vertreter der Kirchen die Forderungen der Demonstranten gegenüber den politisch Verantwortlichen beider Bezirksstädte.

Mittwoch, 18. Oktober

In Ost-Berlin tagt das SED-Zentralkomitee und drängt Staats- und Parteichef Erich Honecker zum Rücktritt. Zum Nachfolger wird Egon Krenz gewählt. Mit der Neuwahl des Politbüros verlieren auch Günter Mittag (Wirtschaft) und Joachim Hermann (Agitation und Propaganda) ihre Posten. In einer Ansprache im DDR-Fernsehen kündigt Krenz einen „ernstgemeinten innenpolitischen Dialog“ an.

Donnerstag, 19. Oktober

Am Werbellinsee trifft der neue SED-Parteichef Krenz mit dem Vorsitzenden des DDR-Kirchenbundes, Bischof Werner Leich, und weiteren Vorstandsmitgliedern zusammen. Wie Leich anschließend betont, habe er dabei „schnelle und deutliche Zeichen eines Neubeginns“ gefordert. DDR-Innenminister Friedrich Dickel wird vom Ministerrat beauftragt, umgehend einen Gesetzentwurf über Reisen für DDR-Bürger ins Ausland vorzubereiten.

Im ostsächsischen Zittau nehmen 10.000 Menschen an einer Veranstaltung des „Neuen Forums“ teil. Erste Demonstrationen werden an diesem Abend aus Greifswald und Rostock gemeldet. In beiden Städten hatten sich die Menschen zuvor zu Andachten und Friedensgebeten getroffen. Vor der in Dresden tagenden Synode der sächsischen Landeskirche fordert Bischof Johannes Hempel, dass sich die DDR-Führung für das gewalttätige Vorgehen gegen friedliche Demonstranten entschuldigt. Der Ost-Berliner Bischof Gottfried Forck appelliert in einem Interview der evangelischen Wochenzeitung „Die Kirche“ an die SED, sich für die Wahlfälschungen öffentlich zu entschuldigen.

Freitag, 20. Oktober

In Dresden fordern über 20.000 Menschen bei einer Kundgebung in der Innenstadt freie Wahlen sowie Rede- und Versammlungsfreiheit.

Samstag, 21. Oktober

Aus Ost-Berlin, Dresden, Karl-Marx-Stadt, Plauen und Potsdam werden friedliche Demonstrationen mit Tausenden Teilnehmern gemeldet.

Sonntag, 22. Oktober

Unter Leitung von Gewandhaus-Kapellmeister Kurt Masur diskutieren erstmals öffentlich SED-Funktionäre mit Vertretern der Bürgerschaft und der Kirche in der Messestadt.

Poppe: Von Bürgerbewegung nur Reste geblieben

Menschenrechtsbeauftragter unterstreicht Bedeutung der Runden Tische vom Herbst 1989 in der DDR

Zehn Jahre nach der Wende sind nach Ansicht des früheren DDR-Bürgerrechtlers Gerd Poppe (Bündnis 90/Die Grünen) von der damaligen ostdeutschen Bürgerbewegung „nur noch klägliche Überreste" geblieben. Die Ziele, für die sich diese Gruppen als illegale „politische Opposition in einer Diktatur" einsetzten, seien erreicht worden, sagte der Beauftragte für Menschenrechte und

Humanitäre Hilfe im Auswärtigen Amt in einem Gespräch in Berlin. Deshalb sei nicht klar, welche Rolle sie heute noch spielen sollten. In der Bundesrepublik seien Grundrechte wie Versammlungs- und Pressefreiheit, für die die Bürgerbewegung in der DDR eingetreten war, verwirklicht.

Zugleich sprach sich Poppe dafür aus, die Tradition der Runden Tische auf kommunaler und regionaler Ebene bei wichtigen Fragen wie etwa der Ausländerfeindlichkeit wieder aufzunehmen. Dabei komme diesen Gremien durch die Teilnahme von Nichtregierungsorganisationen, Kirchen, Verbänden und Parteien eine ergänzende Rolle zur Arbeit in den Parlamenten zu.

Mit Blick auf die Förderung von Demokratiebewegungen im Ausland sagte Poppe, eine wesentliche Aufgabe der rot-grünen Bundesregierung sei es, nicht nur auf die jeweiligen Regierungen positiv einzuwirken, sondern die Zivilgesellschaft in den Ländern zu stärken. Dazu zähle etwa die Unterstützung von Nichtregierungsorganisationen. Grundsätzlich müssten die Außenbeziehungen auf einen „breiteren Dialog“ angelegt werden. Es komme darauf an, dass in den Staaten, in denen die Menschenrechte verletzt werden, „die Träger von Veränderungen“ unterstützt werden, unterstrich Poppe.

Poppe war 1985 Mitbegründer der Initiative Frieden und Menschenrechte in der DDR. Als deren Sprecher vertrat er 1989/90 die Organisation am Zentralen Runden Tisch in Berlin. In der Regierung von Hans Modrow war Poppe im Frühjahr 1990 kurzzeitig Minister ohne Geschäftsbereich. Bis 1998 saß er für Bündnis 90/Die Grünen im Bundestag.

Hunderttausende demonstrieren für Reformen

DDR-Staatschef Krenz spricht mit Bundeskanzler Kohl

*In der Woche vom **23. bis 29. Oktober 1989** demonstrieren Hunderttausende in der gesamten DDR für Reformen. Die Volkskammer wählt Egon Krenz zum Staatsratsvorsitzenden.*

Montag, 23. Oktober

In Ost-Berlin fordern Vertreter fast aller neuen Reformgruppen sowie kirchlicher Basisgruppen politische Konsequenzen aus den brutalen Übergriffen bei den friedlichen Demonstrationen am 7. und 8. Oktober. In einer internationalen Pressekonferenz übergeben sie eine vom evangelischen Stadtjugendpfarramt erstellte Dokumentation über das gewalttätige Vorgehen der DDR-Sicherheitskräfte dem 1. stellvertretenden Generalstaatsanwalt Klaus Voß. In Dresden fordert die sächsische Landessynode eine klare Trennung der Zuständigkeiten von Staat und Partei sowie unabhängige Gerichte, eine Revision des Strafrechts und eine Reform des Wahlrechts.

In Leipzig gehen am Abend 300.000 Menschen für eine demokratische Umgestaltung auf die Straße. Zehntausende demonstrieren zudem in Ost-Berlin, Halle, Magdeburg, Plauen, Potsdam, Schwerin, Stralsund und Zwickau. In Dresden protestieren über 50.000 Menschen gegen die geplante Wahl von Egon Krenz zum Staatsratsvorsitzenden.

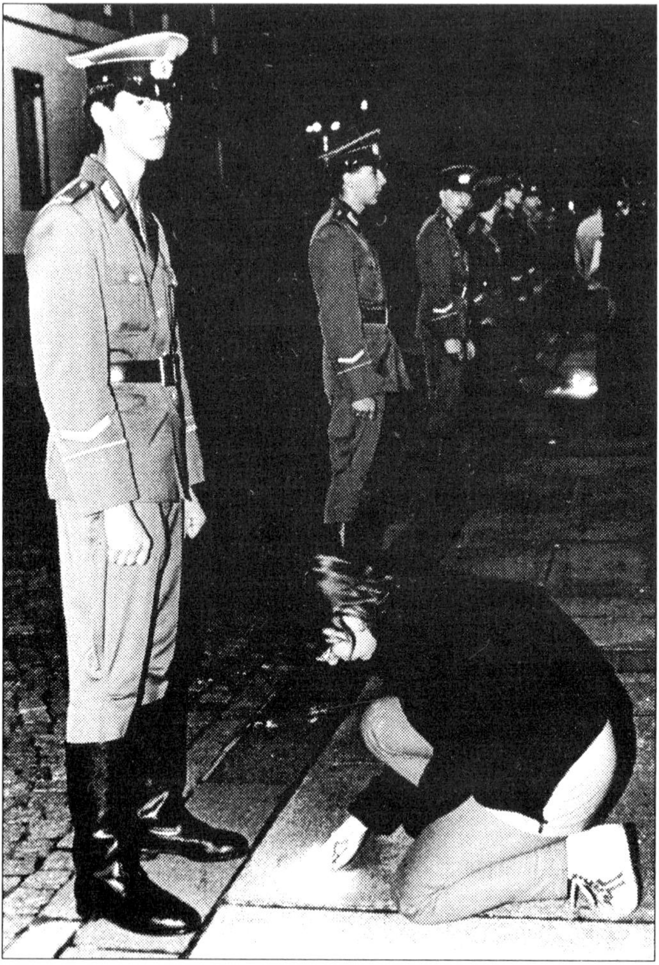

Bei der Protestaktion gegen die Wahl des SED-Generalsekretärs Egon Krenz werden am 24. Oktober 1989 Kerzen angezündet (epd-bild)

Dienstag, 24. Oktober

Die Volkskammer wählt Krenz bei 26 Gegenstimmen und 26 Enthaltungen zum Staatsratsvorsitzenden. In der Ost-Berliner Innenstadt demonstrieren 12.000 Menschen gegen seine Wahl. Die sächsische Landessynode fordert die Freilassung aller „Republikflüchtlinge“ und die Einstellung aller laufenden Verfahren nach missglückten Fluchtversuchen. In einem Fernseh-Interview stellt der Ost-Berliner Bischof Gottfried Forck den Führungsanspruch der SED in Frage. Außerdem erwarte er, dass sich die DDR für den Wahlbetrug entschuldige. Der mecklenburgische Bischof Christoph Stier mahnt im Gespräch mit dem Ratsvorsitzenden des Bezirks Schwerin, Rudi Fleck, die offizielle Zulassung der neuen Vereinigungen und Parteien an.

Im „Haus der Jungen Talente“ in Ost-Berlin findet am Abend eine öffentliche Podiumsdiskussion statt, an der erstmals politisch Verantwortliche gemeinsam mit Oppositionellen wie Bärbel Bohley und Jens Reich teilnehmen. In Weimar kommt es zur ersten Demonstration für politische Veränderungen, an der sich 15.000 Menschen beteiligten.

Mittwoch, 25. Oktober

Mit Demonstrationen in über 30 Städten, darunter in Ost-Berlin, Greifswald, Halberstadt und Jena, werden die friedlichen Proteste gegen die SED fortgesetzt. In Neubrandenburg beteiligen sich nach einem Friedensgebet in der Johanniskirche über 20.000 Personen an einem „Marsch der Hoffnung“.

Donnerstag, 26. Oktober

Krenz führt ein 20-minütiges Telefongespräch mit Bundeskanzler Helmut Kohl. In Ost-Berlin kommt SED-

Bezirkschef Günter Schabowski mit Jens Reich und Sebastian Pflugbeil vom „Neuen Forum“ zu einem Gespräch zusammen. In Dresden beteiligen sich über 100.000 Menschen an einem Protestzug durch die Innenstadt. Friedliche Demonstrationen werden aus Erfurt, Frankfurt/Oder, Gera und Rostock gemeldet.

Freitag, 27. Oktober

Der DDR-Staatsrat beschließt eine Amnestie für alle, die geflüchtet sind oder bei Fluchtversuchen festgenommen wurden, sowie für alle, die bei Demonstrationen „Straftaten gegen die staatliche oder öffentliche Ordnung“ begangen haben. Der DDR-Ministerrat hebt die zeitweise Aussetzung des visafreien Reiseverkehrs in die Tschechoslowakei zum 1. November auf. Die DDR-weite Bürgerbewegung „Demokratie Jetzt“ ruft zu einem Volksentscheid über die Führungsrolle der SED auf. Aus Dresden, Großräschen, Güstrow, Karl-Marx-Stadt und Saalfeld werden wieder Demonstrationen gemeldet.

Samstag, 28. Oktober

In der Ost-Berliner Erlöserkirche beteiligen sich Künstler und Schriftsteller unter dem Titel „Wider den Schlaf der Vernunft“ an einer Veranstaltung ihrer Verbände und sprechen sich gegen den Alleinvertretungsanspruch der SED sowie für Reformen aus. Das Deutsche Theater in Ost-Berlin ehrt mit einem Abend den Altkommunisten Walter Janka, der 1957 zu einer langjährigen Zuchthausstrafe verurteilt worden war. In über 30 Orten gehen wieder Menschen zu friedlichen Protesten auf die Straße.

Sonntag, 29. Oktober

In Ost-Berlin, Leipzig und anderen Orten lädt die SED erstmals zu „Sonntagsgesprächen“, um sich Fragen der Bevölkerung zu stellen. SED-Bezirkschef Schabowski kündigt in Ost-Berlin an, dass künftig die Demonstration „zur politischen Kultur der Stadt“ gehören werde. Bei einem Treffen der oppositionellen „Initiative Frieden und Menschenrechte“ in Ost-Berlin sprechen sich die Teilnehmer für einen Volksentscheid über die Führungsrolle der SED aus. Ebenfalls in Ost-Berlin wählen die knapp 200 Vertreter der DDR-weiten Oppositionsgruppe „Demokratischer Aufbruch“ den Rostocker Anwalt Wolfgang Schnur zu ihrem Vorsitzenden. Die Vereinigung hat eigenen Angaben zufolge 6.000 Mitglieder und strebt für 1990 den Parteistatus an. In zahlreichen Städten kommt es im Anschluss an die morgendlichen Gottesdienste zu friedlichen Protesten und Demonstrationen für gesellschaftliche Erneuerung.

„Ratten wie du haben kein Recht zu leben“

Vor zehn Jahren wurde erstmals das brutale Vorgehen der DDR-Sicherheitskräfte dokumentiert

Das Vorgehen hätte kaum brutaler sein können: „Stehen bis zur Schmerzgrenze, Leibesvisite, Jacke und Hose aus, Schuhe aus, dies alles unter Schlägen, weil es zu langsam ging“, berichtete einer der Teilnehmer an den friedlichen Demonstrationen im Herbst 1989 in Dresden. „Wir wurden unzählige Male grundlos geschlagen und ununterbrochen unflätig beleidigt mit Worten wie 'reaktionäres Schwein, halt die Schnauze' oder 'solche Ratten wie du haben kein Recht zu leben'“, klagte eine Frau. Sie hatte sich bei ihrer Festnahme mit brennender Kerze in der Hand auf der Prager Straße im Zentrum der Elbmetropole befunden.

Mehrere hundert Berichte von Augenzeugen und Betroffenen wurden in den Tagen nach den gewalttätigen Übergriffen der DDR-Sicherheitskräfte am 7. und 8. Oktober 1989 von friedlichen Demonstranten in Dresden, Leipzig und Ost-Berlin angefertigt. Nicht wenige davon sind handschriftlich und noch ganz unter dem Schock geschrieben, den die Übergriffe bei den Betroffenen ausgelöst haben. Andere haben mit einigen Tagen Abstand die Abläufe ausführlich geschildert und kommentiert.

Dazu aufgerufen hatte unmittelbar nach den Übergriffen das „Mahnwachenbüro“ in den Räumen der evangelischen Gethsemanegemeinde in Ost-Berlin. Die Originale, die zumeist mit Namen und Adresse der Verfasser versehen waren, nahm Bischof Gottfried Forck in seinem Diensttresor in Verwahrung, um sie vor dem Zugriff der DDR-Staatssicherheit zu schützen. Von den Kopien, die oft mühselig auf Umwegen angefertigt wurden, entstand im Stadtjugendpfarramt gut zwei Wochen später ein bis heute einmaliges Dokument staatlichen Machtmissbrauchs in der DDR.

Am 23. Oktober 1989 stellten Vertreter fast aller neu entstandenen Reformgruppen und des Ost-Berliner Stadtjugendpfarramtes diese Texte in einer internationalen Pressekonferenz vor. In einer gemeinsamen Erklärung forderten sie politische Konsequenzen aus den brutalen Übergriffen.

Die Lektüre der gut 80 hektographierten Seiten macht auch heute noch betroffen, wenn etwa schwangere Frauen erzählen, wie sie gestoßen und geschlagen wurden, oder wenn von Männern wie Frauen berichtet wird, die stundenlang in „Fliegerstellung“ mit dem Gesicht zur

Wand in kalten Garagen stehen oder auf engstem Raum in unbelüfteten Gefängniszellen warten mussten. Immer wieder wird zudem von prügelnden, tretenden, stoßenden und schreienden Stasi-Leuten erzählt.

Er habe die Brutalität nicht für möglich gehalten, bis er sie mit eigenen Augen sah, hatte der sächsische Landesbischof Johannes Hempel damals zu den Vorgängen in Dresden erklärt. Auch dort waren unter dem Dach der Kirche zahlreiche Augenzeugenberichte gesammelt und zu einem Bericht an die sächsische Landessynode zusammengestellt worden. Wie die Reformgruppen forderten die Synodalen eine rückhaltlose Aufklärung der Ereignisse durch unabhängige Instanzen.

Knapp zwei Wochen später setzte der Magistrat von Ost-Berlin eine Kommission ein. Sie dokumentierte ausführlich die gemeinsam mit Vertretern der Reformgruppen und gegen alle Widerstände der für die Übergriffe Verantwortlichen in knapp einjähriger Arbeit die Vorgänge und Ereignisse in Berlin. Wie es in einem der Kommissionsberichte heißt, sind von den weit über 1.000 Demonstranten, die bei den Gewalttätigkeiten am 7. und 8. Oktober festgenommen wurden, über 360 Verletzungen registriert worden - am häufigsten „Quetschungen und Blutergüsse am ganzen Körper" sowie „Prellungen der Nierenlager, verursacht durch Schlagstockeinwirkung, Faustschläge und Fußtritte". *Hans-Jürgen Röder*

Teilnehmer einer Fürbittandacht in der Ost-Berliner Gethsemane-Kirche im Oktober 1989 (epd-bild)

Bretschneider: Gewalt der Stasi war beabsichtigt

Früherer sächsischer Landesjugendpfarrer nennt die „unbeschreibliche Brutalität" von der SED gewollt

Das gewalttätige Vorgehen der DDR-Sicherheitskräfte gegen friedliche Demonstranten vor zehn Jahren ist nach Ansicht des früheren Dresdner Landesjugendpfarrers Harald Bretschneider nicht auf Überreaktionen einzelner Mitarbeiter zurückzuführen, sondern war von den Verantwortlichen gewollt. In der Ausbildung junger Offiziersschüler für den Strafvollzug und andere Aufgabenbereiche sei ein solcher Umgang bei „Zuführungen" und Verhören systematisch geradezu trainiert worden, sagte der evangelische Theologe in Dresden in einem Gespräch.

Die „unbeschreibliche Brutalität", mit der Polizei und Staatssicherheit in den ersten Oktobertagen 1989 gegen die Ausreisewilligen am Dresdner Bahnhof und später gegen die friedlichen Demonstranten in der Innenstadt der Elbmetropole vorgegangen seien, habe selbst diejenigen überrascht, die von den harten Umgangsformen im DDR-Strafvollzug wussten. Als Landesjugendpfarrer hätten ihm junge Menschen wiederholt solche Erfahrungen berichtet, betonte Bretschneider, der heute Oberlandeskirchenrat im sächsischen Landeskirchenamt ist. Für seine Verdienste um die kirchliche Jugendarbeit in der DDR wurde er Anfang Oktober von Bundespräsident Johannes Rau mit dem Bundesverdienstkreuz ausgezeichnet.

Zur Tatsache, dass kaum einer der Verantwortlichen für die Gewalttätigkeiten vor zehn Jahren strafrechtlich zur Verantwortung gezogen wurde, erklärte Bretschneider, das sei letztlich der Preis für den insgesamt friedlichen Verlauf der Revolution in der DDR gewesen. Hätten die Reformgruppen und neuen Parteien im Herbst 1989 stärker auf eine strafrechtliche Verfolgung gedrungen, wäre es unter Umständen zu Eskalationen gekommen, die nicht gewollt waren.

Zum anderen sei Rache kein Grundelement der Gewaltlosigkeit. Darum sei es denjenigen, die im Herbst 1989 mit dem Ruf „Keine Gewalt“ auf die Straße gegangen seien, bei der Arbeit in den Untersuchungsausschüssen oder an den Runden Tischen auch nicht um Vergeltung gegangen, unterstrich Bretschneider.

Eine Million Demonstranten in Ost-Berlin

Krenz trifft in Moskau mit Gorbatschow zusammen

*In der Woche vom **30. Oktober bis 5. November 1989** dehnen sich die Demonstrationen für Reformen in der DDR aus. Staats- und Parteichef Egon Krenz trifft in Moskau mit Michail Gorbatschow zusammen. Eine Million Menschen demonstrieren in Ost-Berlin.*

Montag, 30. Oktober

Mehr als 200.000 Menschen beteiligen sich in Leipzig an der wöchentlichen Montagsdemonstration. Das DDR-Fernsehen berichtet erstmals in einer Live-Sendung darüber. Am selben Tag gehen in Cottbus 20.000, in Halle 50.000, in Karl-Marx-Stadt 20.000, in Pößneck 5.000 und in Schwerin 40.000 Menschen auf die Straße. Die Ost-Berliner Tageszeitung „Neue Zeit" berichtet, dass der Meininger Oberkirchenrat Roland Hoffmann gegenüber dem Vorsitzenden des Bezirks Suhl, Arnold Zimmermann, ein Ende der Aufenthalts- und Zugangsbeschränkungen im DDR-Grenzgebiet gefordert habe.

Dienstag, 31. Oktober

Das DDR-Innenministerium teilt mit, dass nunmehr die Zulassung der Bürgerinitiative „Neues Forum" geprüft werde. Vertreter der Görlitzer Kirchenleitung fordern in einem Gespräch mit dem Ratsvorsitzenden des Bezirks Dresden, Günther Witteck, ein ungehindertes Reisen in das benachbarte Polen. Das Volksbildungsministerium nimmt die 1988 erfolgte Relegierung von vier Schülern der Ost-Berliner Carl-von-Ossietzky-Schule zurück, die an der Wandtafel den Sinn von Militärparaden in Frage gestellt hatten. In der Lutherstadt Wittenberg demonstrieren am Reformationstag 15.000 Menschen. Sie heften ihre Forderungen als sieben Thesen an die Rathaustür. In Nordhausen nehmen 10.000 Menschen an einer Kundgebung auf dem Marktplatz teil.

Mittwoch, 1. November

Egon Krenz trifft in Moskau zu einem dreistündigen Gespräch mit Staats- und Parteichef Michail Gorbatschow zusammen. Nach dem Gespräch äußert er vor der Presse die Ansicht, dass die Gründe für die Errichtung der Mauer weiter bestünden. Ihre Öffnung sei ein unrealistischer Gedanke. Zu den Demonstrationen in der DDR betont er, sie dienten dazu, das Leben in der DDR schöner zu machen. Am Abend kommt es in Frankfurt/Oder Freital, Ilmenau und Neubrandenburg zu Demonstrationen für gesellschaftliche Erneuerung.

Donnerstag, 2. November

In Erfurt demonstrieren 50.000, in Gera 10.000, in Guben 15.000 und in Halle 10.000 Menschen für Reformen. In Erfurt muss SED-Oberbürgermeisterin Rosemarie Siebert (SED) ihre Ansprache nach wenigen Sätzen auf Grund von Pfeifkonzerten und lauten Sprechchören abbrechen. In Dresden werden gegen 70 Angehörige der Sicherheitskräfte wegen Übergriffen auf Demonstranten Ermittlungsverfahren eröffnet. Oberbürgermeister Wolfgang Berghofer räumt ein: „Es hat eindeutig Übergriffe gegeben.“ Gewerkschaftschef Harry Tisch, mehrere SED-Bezirkschefs sowie Volksbildungsministerin Margot Honecker treten zurück.

Freitag, 3. November

Das Ost-Berliner Stadtparlament beruft eine Kommission zur Untersuchung der Übergriffe am 7. und 8. Oktober. Das SED-Politbüro beschließt die Schaffung eines

Verfassungsgerichts und die Einführung eines zivilen Wehrersatzdienstes. Aus dem Politbüro treten Hermann Axen, Kurt Hager, Erich Mielke, Erich Mückenberger und Alfred Naumann ab. Die nahezu 5.000 DDR-Bürger in der bundesdeutschen Botschaft in Prag können direkt in die Bundesrepublik ausreisen. Auf der in Erfurt tagenden Synode der evangelischen Kirchenprovinz Sachsen wird die Arbeit der DDR-Staatssicherheit massiv kritisiert. Viele hätten die Sorge, dass die von der SED vollzogene Wende von der Staatssicherheit wieder beendet werde, betont Propst Joachim Jaeger.

Samstag, 4. November

Die Ost-Berliner Innenstadt erlebt die größte nichtstaatliche Demonstration in der DDR-Geschichte mit nahezu einer Million Teilnehmern. Unter den Rednern der Abschlusskundgebung auf dem Alexanderplatz sind die Schriftsteller Christa Wolf, Christoph Hein, Stefan Heym sowie als Vertreter der Reformgruppen Jens Reich und Friedrich Schorlemmer. In Magdeburg demonstrieren 40.000, in Altenburg 12.000 sowie in Arnstadt und Potsdam mehrere Tausend Menschen.

Sonntag, 5. November

In der Ost-Berliner Gethsemanekirche setzen Mitglieder der Staatskapelle mit einem weiteren „Konzert gegen Gewalt" die Aktionen gegen Gewaltmissbrauch in Staat und Gesellschaft fort und übergeben 8.000 Mark für den Solidaritätsfonds zu Gunsten der Opfer der Übergriffe. Zehntausende demonstrieren in Dresden für besseren Umweltschutz. In Greifswald entzieht die Synode der pommerschen Kirche ihrem seit 1972 amtierenden Bischof Horst Gienke nach mehrmonatigen Kontroversen um seine Amtsführung und um die Einladung von Erich Honecker in den Dom der Hansestadt das Vertrauen.

Die größte Demonstration in der Geschichte der DDR endet am 4. November 1989 mit einer Kundgebung auf dem Alexanderplatz (epd-bild/Schoelzel)

„China ist näher als es scheint“

Friedfertigkeit und Ausdauer waren die markanten Merkmale der DDR-Revolution vor zehn

Die Drohung war deutlich. „Glauben Sie nicht, dass China so weit entfernt ist, wie es geographisch erscheint“, gab der damalige DDR-Staatssekretär für Kirchenfragen, Kurt Löffler, am 7. Oktober 1989 dem Ost-Berliner Oberkirchenrat Martin Ziegler mit auf den Weg.

Beide hatten zuvor an der Jubelfeier zum 40-jährigen Bestehen der DDR im Palast der Republik teilgenommen - keine hundert Meter vom Alexanderplatz entfernt, wo sich zeitgleich mehrere tausend Menschen zu einer Demonstration für demokratische Reformen und die Freilassung aller politischen Gefangenen in der DDR formiert hatten. Nach einem mehrstündigen Marsch durch den angrenzenden Stadtbezirk Prenzlauer Berg machten Sicherheitskräfte der friedlichen Demonstration ein Ende - so aggressiv und brutal, als ginge es darum, der Welt zu zeigen, wie nahe China ist.

Dennoch stieg ab Mitte Oktober die Zahl derer, die sich nicht mehr mit der Situation abfinden wollten, von Woche zu Woche an - bis zu einer Million am 4. November in Ost-Berlin. Und auch die Zahl der Orte, in denen zu regelmäßigen Demonstrationen aufgerufen wurde, nahm fast täglich zu.

Ein Einschnitt in dieser Entwicklung war zweifellos die Öffnung der Mauer am 9. November. Mit ihr nutzte ein beträchtlicher Teil der Bevölkerung die Möglichkeit, sich erstmals auch im Westen umzuschauen. Aber noch war die SED an der Macht und die Staatssicherheit unter ihrer Kontrolle, so dass es vielen gar nicht in den Sinn kam, auf Demonstrationen zu verzichten.

So blieb auch nach der Besetzung der Stasi-Zentralen in den Bezirksstädten durch die Bürgerkomitees die Angst in der DDR- Bevölkerung vor Versuchen groß, das Rad der Geschichte mit Waffengewalt zurückzudrehen. Außerdem war völlig unsicher, wie sich die sowjetischen Truppen im Land verhalten würden und ob nicht der alte SED-Machtapparat versuchen werde, mit sowjetischer Hilfe wieder ans Ruder zu kommen. Die Erfahrungen von Prag 1968 waren vielen noch lebhaft in Erinnerung.

Mit dem Runden Tisch, der Modrow-Regierung und der Besetzung der Stasi-Zentrale in Ost-Berlin war es jedenfalls nicht getan. Die nötige Sicherheit konnten nur freie Wahlen bringen. Diese Forderung blieb darum auf der Tagesordnung der Demonstrationen. Die größte Ausdauer dabei bewies zweifellos die Plauener Bevölkerung, die jeden Samstag zum Rathaus der vogtländischen Stadt zog, um freie Wahlen sowie Presse-, Reise- und Vereinigungsfreiheit einzufordern - fast sechs Monate lang bis zum 17. März 1990, dem Vortag der ersten freien Volkskammerwahl. Dabei begann jede der Demonstrationen mit einer kurzen Ansprache von Superintendent Thomas Küttler, der nicht müde wurde, Demonstranten wie Polizei zu Gewaltlosigkeit zu ermahnen.

Dagegen schlossen sich in den meisten anderen Orten die wöchentlichen Demonstrationen den kirchlichen Friedensgebeten und Fürbittandachten an. Ihren wiederkehrenden Mahnungen, auf jegliche Gewalt zu verzichten und möglichen Provokationen zu widerstehen, verdankt die Herbstrevolution ihren friedlichen Charakter. Zu ihren Besonderheiten zählt auch die Disziplin der „Revolutionäre“, die über ihrem politischen Engagement die Berufspflichten nicht vernachlässigen wollten. Demonstriert wurde in aller Regel nach Feierabend und in angemessener Kleidung. Im Raum Wolfen-Bitterfeld jedenfalls eilten nicht wenige der Chemiearbeiter jeden Montag nach Dienstschluss nach Hause, um sich für die Demonstration in Leipzig „stadtfein“ zu machen.

Als Treppenwitz der Geschichte erscheint es, wenn berichtet wird, dass im November sogar einige Tausend Stasi-Mitarbeiter für den Rücktritt ihrer Führung demonstrierten - auf dem Innenhof des damals noch hermetisch abgeriegelten Ministeriums und damit konspirativ wie immer. *Hans-Jürgen Röder*

„Die Straßen waren schwarz von Menschen“

Vor zehn Jahren erreichte die friedliche Revolution auch den Harzort Thale am Reformationsfest

Thale am Nordrand des Harzes hat seinen eigenen Reiz. Noch vor zehn Jahren arbeitete rund ein Drittel der 18.000 Einwohner im Eisenhüttenwerk. Aber auch Touristen gehörten von jeher zum Stadtbild des beschaulichen Ortes, der als besondere Attraktionen nicht nur den berühmten „Hexentanzplatz“ oder die im Grünen gelegene Panorama-Bühne zu bieten hat.

Als Anfang Oktober 1989 Tausende durch die Straßen von Leipzig, Dresden und Berlin zogen und gegen das SED-Regime protestierten, ging das Leben in Thale noch seinen gewohnten sozialistischen Gang. Doch zehn Tage vor der Maueröffnung erreichte die friedliche Revolution auch den Harz. Zwischen 3.000 und 5.000 Menschen kamen am 31. Oktober in der St.-Petri-Kirche zusammen und zogen anschließend durch die Stadt. „Die Straßen waren schwarz von Menschen", erinnert sich Pastorin Ursula Meckel, die vor zehn Jahren zu den treibenden Kräften für die demokratischen Umwälzungen in der Region gehörte.

Von November 1989 an moderierte sie den Runden Tisch des Landkreises Quedlinburg und zog schließlich als parteilose Kandidatin für Bündnis 90 in den Kreistag. Aber diese Zeiten sind vorbei, nachdem die Partei in diesem Jahr den Einzug in das Parlament nicht mehr schaffte. „Auch vom „Neuen Forum" ist nur ein Konto geblieben", bedauert Meckel.

Als „unbequem" versteht sich die Frau mit den kurzen, dunkelrot getönten Haaren auch heute noch. Erst im vergangenen Jahr sorgte sie für Schlagzeilen, als sie die Ehrenbürgerwürde ihrer Stadt zurückwies: Denn der langjährige SED-Bürgermeister sollte die Auszeichnung ebenfalls erhalten. Nachdem die Pastorin sich in einem offenen Brief dagegen verwahrt hatte, mit einem Vertreter des „menschenfeindlichen Systems" in „einem Atemzug" geehrt zu werden, lehnte auch er die Würdigung ab.

„Ein Kennzeichen des Menschen ist der aufrechte Gang", hatte Meckel am Reformationstag 1989 den Menschen zugerufen. „Dazu gehört auch der Mut, sich unbeliebt zu machen", sagt sie heute. Die Bereitschaft dazu hatte sie auch zu DDR-Zeiten wiederholt bewiesen. 1980 beispielsweise prangerte sie zusammen mit einem Kollegen den Tod eines jungen Konfirmanden öffentlich an, der sich nach einem Fluchtversuch im Gefängnis das Leben genommen hatte. Dafür nahm sie eine gehörige Haftstrafe in Kauf. „Mein kirchliches Amt und die Kirchenleitung in Magdeburg haben mich davor geschützt", ist sie überzeugt.

Ihre Bilanz der vergangenen zehn Jahre fällt gemischt aus. Freie Wahlen, Presse- und Reisefreiheit sowie unabhängige Gerichte - diese Ziele vom Herbst 1989 seien zwar erreicht, sagt Meckel. Doch unter den Menschen, die mit ihren Sorgen zu ihr kommen, mache sich zunehmend Resignation breit. „Von der Begeisterung des Aufbruchs ist kaum etwas geblieben“, bedauert sie.

Als Grund dafür nennt sie eine „neue soziale Ungerechtigkeit“, die auch in Thale mit Händen greifbar sei. Das Harzer Vorzeigestädtchen sei zu einer Hochburg der Arbeitslosigkeit geworden. Mit 26 Prozent liege die Stadt um sieben Prozent über dem Landesdurchschnitt von Sachsen-Anhalt, der wiederum bundesweit den Spitzenplatz einnimmt. Viele seien „gekränkt“, weil sie nicht mehr gebraucht werden, sagt Meckel. Doch von Resignation ist sie weit entfernt: „Wir müssen die Menschen wieder dazu bringen, etwas zu verändern“.

Sabine Henning

Am Potsdamer Platz in Berlin wird die Mauer für einen neuen Grenzübergang geöffnet (epd-bild/Langrock)

Die Mauer wird geöffnet

Hunderttausende strömen über die Grenze

*In der Woche vom **6. bis 12. November 1989** treten der DDR-Ministerrat und das SED-Politbüro zurück. Am 9. November gibt der Sprecher des SED-Zentralkomitees, Günter Schabowski, weit reichende Reiseerleichterungen bekannt: Noch in der Nacht fällt die Mauer.*

Montag, 6. November

Die DDR-Medien veröffentlichen den Entwurf eines Reisegesetzes, das auf harte Kritik stößt. In Ost-Berlin wird der Aufruf zur Gründung einer „Grünen Partei" verbreitet. Am Abend kommt es zur bislang größten Protestwelle im Land. In mehr als 70 Orten gehen die Menschen auf die Straßen. Aus Dresden werden über 100.000, aus Halle 60.000 und aus Karl-Marx-Stadt 50.000 Demonstranten gemeldet. In Leipzig, wo sich über 200.000 Menschen an der Montagsdemonstration beteiligen, wehren Mitglieder des „Neuen Forums" einen Marsch auf die Stasi-Zentrale der Messestadt ab.

Dienstag, 7. November

Nach harscher Kritik am Reisegesetz tritt der DDR-Ministerrat unter Willi Stoph geschlossen zurück. Vor dem Gebäude des SED-Zentralkomitees in Ost-Berlin kommt es zu einer ersten Demonstration von Parteimitgliedern. Sie kritisieren den Wahlbetrug vom 7. Mai und fordern den Rücktritt der Parteiführung. Vor dem benachbarten Staatsratsgebäude fordern Tausende freie Wahlen. Demonstrationen werden am Abend auch aus mehr als 30 weiteren DDR-Orten gemeldet. Vor der Synode der Evangelischen Kirche in Deutschland (EKD) in

Nach der Öffnung der DDR-Grenzen strömen mehrere Millionen in die Bundesrepublik und nach West-Berlin (epd-bild/Schoelzel)

Bad Krozingen ruft deren Präses Jürgen Schmude zu „nachhaltiger Hilfe“ für die Menschen in der DDR auf. Im West-Berliner Rundfunksender „Rias“ warnt der EKD-Ratsvorsitzende, Bischof Martin Kruse, vor Bevormundung der Ostdeutschen.

Mittwoch, 8. November

Das Politbüro tritt geschlossen zurück. Vor dem Gebäude des SED- Zentralkomitees demonstrieren 15.000 SED-Genossen. Egon Krenz wird erneut zum Generalsekretär gewählt. Die vom Ost-Berliner Magistrat berufene Kommission zur Untersuchung der gewalttätigen Übergriffe auf friedliche Demonstranten Anfang Oktober beginnt ihre Arbeit. Nach Kontroversen um die Zusammensetzung einigt sich das Gremium darauf, künftig gemeinsam mit der unabhängigen Kommission zu tagen, die von kirchlichen und nichtkirchlichen Oppositionsgruppen getragen wird. Noch immer verlassen täglich etwa 10.000 Menschen das Land. Bei den abendlichen Demonstrationen bleibt Reisefreiheit eine der Forderungen.

Donnerstag, 9. November

Der Sprecher des SED-Zentralkomitees, Günter Schabowski, teilt auf einer Internationalen Pressekonferenz in Ost-Berlin mit, dass der Ministerrat auf Beschluss des Politbüros eine Reiseregelung beschlossen habe, die eine kurzfristige Erteilung von Visa ohne Voraussetzungen vorsieht. Noch am selben Abend strömen Tausende in Ost-Berlin zu den Grenzübergängen. Kurz vor Mitternacht geben die Grenzbehörden dem Druck nach und lassen die Menschenmengen in beide Richtungen unbehelligt passieren.

Die EKD-Synode unterstreicht in Bad Krozingen ihre Verbundenheit mit den Kirchen in der DDR und fordert

DDR-Bürger zeigen beim neu eröffneten Grenzübergang U-Bahnhof Jannowitzbrücke in Berlin ihre Personalausweise vor (epd-bild/Schoelzel)

das Recht auf Selbstbestimmung der Menschen. Sprecher der oppositionellen Gruppen sowie neuer und etablierter Parteien sprechen sich in Ost-Berlin für eine „große Koalition der politischen Vernunft“ aus. Nur eine solche Koalition am Runden Tisch könne die vielfältigen Probleme in Staat und Gesellschaft lösen, betont Pfarrer Rainer Eppelmann vom „Demokratischen Aufbruch“.

Freitag, 10. November

In West-Berlin feiern Hunderttausende den Fall der Mauer. Auch vor den Grenzübergängen nach Westdeutschland stauen sich die Schlangen. An mehreren Stellen der Mauer werden Durchbrüche geschaffen. Der amtierende DDR-Innenminister Friedrich Dickel kündigt weitere Übergänge an. In Bad Krozingen ermuntert EKD-Ratsvorsitzender Kruse, die Besucher aus der DDR gastfreundlich aufzunehmen. An einer Kundgebung der SED im Ost-Berliner Lustgarten nehmen rund 100.000 Parteimitglieder teil. Der Präsident des Diakonischen Werkes, Karl Heinz Neukamm (Stuttgart), appelliert an die Kirchen, ihre Freizeit- und Erholungsheime für DDR-Übersiedler zur Verfügung zu stellen. In Ost-Berlin wird Rechtsanwalt Lothar de Maizière zum neuen Vorsitzenden der DDR-CDU gewählt.

Samstag, 11. November

An der West-Grenze der DDR strömen Hunderttausende mit Fahrzeugen in Richtung Bundesrepublik. Es entstehen Staus von über 50 Kilometern Länge. Auf westlicher Seite werden die Besucher in volksfestartiger Weise begrüßt. Die Leitung des evangelischen Kirchenbundes mahnt zur Besonnenheit und unterstreicht die Forderung nach freien und geheimen Wahlen sowie „Wahrhaftigkeit in der Information“. Ungeachtet der

Begrüßungsszene am eröffneten Übergang Potsdamer Platz (epd-bild/Stiebing)

Maueröffnung setzen die Menschen ihre Proteste für Reformen in über 20 Orten fort.

Sonntag, 12. November

In Leipzig demonstrieren 6.000 SED-Genossen gegen den örtlichen Parteiapparat. Das „Neue Forum“ appelliert in einer Erklärung an die DDR-Bevölkerung, sich nicht von der Forderung nach politischen Reformen abbringen zu lassen. „Wir werden für längere Zeit arm bleiben, aber wir wollen keine Gesellschaft haben, in der Schieber und Ellenbogentypen den Rahm abschöpfen.“

„Wahnsinn, der absolute Wahnsinn!“

In der Nacht der Grenzöffnung auf dem Weg in die DDR

In der Nacht vom 9. auf den 10. November 1989 wurden die Insassen des roten Audi 80 das Gefühl nicht los, in die falsche Richtung zu fahren. Schon seit Stunden hatten sie den aufgeregten Radioreportern gelauscht, deren Stimmen sich im Berliner Begeisterungstaumel überschlugen und unter Autohupen, dem Knallen von Sektkorken und Ausrufen wie „Wahnsinn! Das ist der absolute Wahnsinn!“ kaum zu verstehen waren. „Keiner musste den Fahrer wach halten“, erinnert sich Ines Obst. „Immer wieder sagte jemand: Das gibt's doch nicht! Das kann doch nicht wahr sein!“

Gegen fünf Uhr in der Früh näherten sich Ines Obst und ihre Freunde dem hessisch-thüringischen Grenzübergang Herleshausen/Wartha, und um diese Zeit konnte man normalerweise die entgegenkommenden Fahrzeuge an einer Hand abzählen: Hin und wieder ein Laster, ab und zu ein Westwagen. Aber jetzt blickten sie in die trüben Funzeln von Trabis aller Altersklassen, entdeckten sie Wartburgs und Wolgas, Moskwitschs und Saporoshs.

Bei jedem grünen Trabi zwickte die gebürtige Hoyerswerdaerin Ines Obst ihre Mitfahrer nach alter DDR-Sitte in den Arm. „Das, was im Radio berichtet wurde, war also wahr: Die Grenze war offen!“, freute sich die damals 22-Jährige. Sie war an Silvester 1988 in die Bundesrepublik ausgereist, als endlich ihr Antrag auf Familienzusammenführung genehmigt worden war. Sechs Wochen zuvor hatte sie in Hoyerswerda einen Bürger der BRD heiraten dürfen. Jetzt war sie wieder auf dem Weg zu einer Hochzeit, zur Hochzeit ihrer Zwillingsschwester in einem kleinen Dorf am Rand des Spreewalds.

Die Grenzbeamten und Zöllner waren nicht wiederzuerkennen. „Alle waren total freundlich, alle waren in guter Stimmung“, erzählt Ines Obst. Keine barschen Befehle, keine heruntergezogenen Mundwinkel, keine mürrischen Gesichter, nicht einmal das obligatorische Kommando eines Grenz-Sachsen: „Machen Se mal den Gofferraum uff!“ Die Angst einflößende, demütigende, von unzähligen Strahlern erhellte gigantomanische Grenzanlage leuchtete plötzlich in einem anderen Licht. „Keiner von uns konnte fassen, was da passierte“, sagt sie und gebraucht noch einmal das Wort der Wendezeit: „Wahnsinn!“

Auch in der Schalterhalle der DDR-Staatsbank, in der der obligatorische Zwangsumtausch stattfand: Statt grauer Gesichter in grauen Uniformen aufgeregtes Getuschel, fröhliches Lachen. „In zehn Minuten ist Schichtwechsel“, freute sich eine der Damen, „dann machen wir alle rüber." Und fügte auf die verdutzten Blicke einschränkend hinzu: „Nur mal gucken. Wir wollen nur mal probieren, ob's wirklich stimmt."

Es stimmte wirklich. Die lange Schlange auf der Gegenfahrbahn ließ keinen Zweifel daran, dass SED-Politbüromitglied Günter Schabowski am Abend zuvor mit wenigen Worten das Ende der Deutschen Demokratischen Republik eingeläutet hatte. Trabis und Wartburgs, wohin das Auge reichte, um sie herum Werktätige der Eisenacher Motorenwerke in ihren Blaumännern, ausgelassen lachend, fröhlich winkend und grüßend.

Das Hochzeitsfest sei dann etwas anders verlaufen als geplant, schmunzelt Ines Obst. Die eine Hälfte der Gesellschaft hatte die Nacht zuvor in Berlin verbracht und war überwältigt und erschöpft zugleich, die andere Hälfte wartete, begierig den Berichten lauschend, auf das Ende der Feier, um sich in den Vereinigungstaumel zu stürzen. Das Brautpaar ließ spontan den lange zuvor beantragten Platz in einem erzgebirgischen FDGB-Ferienheim verfallen, besorgte sich das Ausreisevisum und fuhr sonntags in einem uralten Trabant Kombi nach Tübingen. „Flitterwochen im Westen?" staunt die Braut noch zehn Jahre danach. „Zwei Tage vor der Hochzeit hätte sich das niemand vorstellen können."

Uwe von Seltmann

Am Tag nach der Grenzöffnung steht ein Grenzsoldat auf der Mauer vor dem Brandenburger Tor (epd-bild/Schnabel)

Deutscher Frühling mitten im November

In der oberfränkischen Grenzregion herrschte vor zehn Jahren der absolute Ausnahmezustand

Es war ein historisches Wochenende. Als die Menschen im oberfränkischen Grenzland am Samstagvormittag zum Einkaufsbummel fahren wollten, trauten sie ihren Augen nicht: Eine schier unendliche Trabi-Lawine ergießt sich über das Land, die Innenstädte sind von knatternden Zweitaktern geradezu überschwemmt. Ob Hof, Coburg oder Bayreuth - überall bietet sich das gleiche Bild, das etwas Unwirkliches, Rührendes und zugleich Groteskes an sich hat. An zahlreichen anderen Orten nahe der innerdeutschen Grenze spielen sich ähnliche Szenen ab. Dieser 11. November 1989 ist auf seine Weise ein närrischer Tag.

Der so plötzlich ausgebrochene deutsch-deutsche Frühling nach dem Fall der Mauer am 9. November erwärmt die Herzen von „Ossis“ und „Wessis“ gleichermaßen. Sie sind sich auf einmal so nah wie später nie wieder. Nur für Ordnungshüter sind diese Chaostage eine Anfechtung. Alle Spielregeln sind außer Kraft gesetzt, kein Mensch kümmert sich um Halteverbote, um Verkehrsregeln oder um die heilige Kuh deutschen Ordnungssinns: die Ladenschlusszeiten.

So herrscht nicht nur ein wundersamer Ausnahmezustand, sondern zeitweise auch regelrechte Volksfeststimmung. Auch sonntags bleiben die meisten Geschäfte durchgehend geöffnet. Die Überraschungsgäste mit dem obligatorischen Begrüßungsgeld von 100 Mark in der Tasche können fast alles gebrauchen, am begehrtesten sind Südfrüchte. Die Märkte der Handelskette Aldi werden tagelang belagert. Und schon nach wenigen Wochen macht der Kalauer vom Wortschatz eines DDR-Babys die Runde: „Mami, Papi, Aldi."

Überall in Franken stehen einheimische Bürger und Ostdeutsche in kleinen Grüppchen zusammen und finden sich auf Anhieb ungemein sympathisch. Sächsisch ist jetzt vorübergehend der beliebteste Dialekt. Die Hilfsbereitschaft der Bevölkerung in der Grenzregion ist fast grenzenlos. Eine 73.000-Einwohner-Stadt wie Bayreuth muss beispielsweise an jedem November-Wochenende rund 30.000 Ostdeutsche organisatorisch und menschlich bewältigen, in der kleineren Stadt Hof sind es noch wesentlich mehr.

Am bitterkalten 18. November stehen die ersten Besucher schon kurz nach fünf Uhr früh vor der Stadtsparkasse an, manche mit dick vermummten Babys auf dem Arm. Während die meisten Stadtbewohner noch wohlig in den Betten liegen, stauen sich vor dem Rathaus, vor der Post und vor den Geldinstituten die Menschenschlangen. Seit der Währungsreform 1948 hat man solche Bilder nicht mehr gesehen. Geschäftemacher, die mit überhöhten Preisen ihre unerfahrenen Landsleute abzuzocken gedenken, bekommen im Handumdrehen den geballten Volkszorn der Einheimischen zu spüren: „Boykottiert die Wucherer", heißt es auf Plakaten, auf denen die „schwarzen Schafe" an den Pranger gestellt werden.

Die November-Wochenenden sind auch die große Stunde der Kirchen. Nicht wenige Gemeinde öffnen schon um sechs Uhr früh ihre Gebäude, um heißen Tee oder Kaffee auszuschenken. 16 Stunden und länger sind die Helferinnen und Helfer im Einsatz, oft bis zur Erschöpfung. Pfarrer Walter Hager von der Bayreuther Nikodemuskirche ist von der Not der Gäste so berührt, dass er seine Kirche für einige Wochenenden in eine Herberge verwandelt. Die gepolsterten Kirchenstühle dienen als sanftes Ruhekissen, und zwischen Altar und Orgel werden Dutzende von Notquartieren vorbereitet. Kommentar eines sichtlich beeindruckten Übernachtungsgastes: „Jetzt war ich ein halbes Leben lang Kommunist, und heute früh wache ich in einer Kirche neben dem Taufstein auf..." *Bernd Mayer*

Nicht nur Freudentränen

Die EKD-Synode nach dem Mauerfall

In Berlin fällt am 9. November 1989 die Mauer. Eine unvergessliche Nacht für die Geschichtsbücher. Keiner hat sie erwartet. Auch die Evangelische Kirche in Deutschland (EKD) erwischte es kalt. Sie war mit dem Bund Evangelischer Kirchen in der DDR die stärkste Klammer der geteilten Nation. Während die 120 Mitglieder der EKD-Synode in der Christuskirche zu Bad Krozingen das Abendmahl feiern, knallen in der Stadt ohne Grenzen die Sektkorken.

Über Nacht hat die Kirchenparlamentarier das Thema Nummer eins des Nachkriegsprotestantismus eingeholt. Als sie in dem südbadischen Kurort noch über die Gemeinschaft von Frauen und Männern in der Kirche diskutieren, setzt ihnen die Geschichte am letzten Sitzungstag ein ganz anderes Thema auf die Tagesordnung: Was wird aus der „besonderen Gemeinschaft der evangelischen Christenheit in Deutschland"? Diese Selbstverpflichtung hatte 20 Jahre lang in den getrennten Kirchen Verfassungsrang.

Die ersten Reaktionen am Vormittag des 10. November sind vielfältig. Synodalpräses Jürgen Schmude, Architekt der nüchtern-zurückhaltenden gesamtdeutschen EKD-Kirchenpolitik, liest den 146. Psalm mit dem Vers „Der Herr macht die Gefangenen frei“. „Überrascht, fassungslos“ stellt Schmude fest: „Das unüberwindliche Hindernis gibt es nicht mehr“. Der EKD-Ratsvorsitzende Martin Kruse fühlt sich in Bad Krozingen völlig deplatziert. Der West-Berliner Bischof sehnt sich zurück in seine Stadt, „die vor Freude tanzt, auf der Mauer, durch die Mauer hindurch“.

Die Pastorin Renate Salinger warnte für die Delegation des DDR-Kirchenbundes davor, den Begriff „Dialog“ zum Schlagwort verkommen zu lassen. Wie recht sie hatte, zeigte das spätere Eingeständnis von EKD-Teilnehmern an den regelmäßigen Konsultationen mit den „Schwestern und Brüdern“ in der DDR. Es sei ein gravierender Fehler gewesen, mit der „Kirche im Sozialismus“ nie über den Sozialismus gesprochen zu haben, so die Bischöfe Martin Kruse und Hans-Georg Binder.

In der Nacht vom 9. auf den 10. November fließt der weiße Gutedel aus dem Fass nicht eben spärlich in Bad Krozingen. Auch Tränen fließen - und nicht nur Freudentränen. Ein bekannter Kirchenmann aus der DDR sitzt tränenüberströmt vor den Fernsehbildern aus Berlin. Er glaubte an einen verbesserlichen Sozialismus. Dafür hatte er sich den Staatsorganen mehr verpflichtet, als seiner Kirche lieb war.

Wolf Biermann behielt recht mit seinem kurz nach dem Mauerfall formulierten Urteil: „Es ist aus mit dem eigenen Weg der DDR. Es gibt nur zwei Minderheiten, die noch an einem sozialistischen Versuch interessiert sind, die Machthaber von gestern und ihre bevorzugten Opfer von gestern, linke Christen und radikale Linke.“

Hans Hafenbrack

Demonstrationen gehen weiter

Modrow wird Ministerpräsident

*In der Woche vom **13. bis 19. November 1989** setzen Tausende in der DDR trotz der Maueröffnung die Demonstrationen für gesellschaftliche Erneuerung fort. Hans Modrow wird zum Ministerpräsidenten gewählt. In Leipzig kommt es zur ersten offiziell genehmigten Kundgebung des „Neuen Forums".*

Montag, 13. November

In zahlreichen Orten der DDR gehen die Montagsdemonstrationen trotz Maueröffnung und Reise-Erleichterungen weiter. In Leipzig nehmen am wöchentlichen Marsch über den Innenstadtring rund 200.000 Menschen teil. Über Megafon warnen Sprecher des „Neuen Forums" vor einem „Ausverkauf" des Landes. Erneut demonstriert wird auch in Cottbus, Dresden, Karl-Marx-Stadt, Magdeburg, Neubrandenburg und Schwerin.

Die DDR-Volkskammer wählt den Vorsitzenden der Bauernpartei, Günther Maleuda, zu ihrem Präsidenten und den Chef der Dresdner SED-Bezirksleitung, Hans Modrow, zum neuen Ministerpräsidenten. In Greifswald erklärt Bischof Horst Gienke seinen Rücktritt. Er zieht damit die Konsequenz aus der vielfältigen Kritik an seinem kirchenpolitischen Kurs.

Dienstag, 14. November

Führende Vertreter der evangelischen Kirchen in der Bundesrepublik rufen zur Unterstützung der zahlreichen Besucher aus der DDR, aber auch der Menschen in der DDR auf. Die evangelische Kirche sei die „wirksamste Klammer" zwischen beiden deutschen Staaten, erklärt der

Unter den Augen der Polizei wird im November 1989 ein Plakat an das Staatsratsgebäude in Ost-Berlin geklebt (epd-bild/Schoelzel)

rheinische Präses Peter Beier (Düsseldorf). Der Ost-Berliner Konsistorialpräsident Manfred Stolpe gesteht bei der Entgegennahme der Ehrendoktorwürde in Greifswald selbstkritisch ein, dass die Kirchenleitungen zu lange Geduld gepredigt und Unruhige beschwichtigt hätten, „wo es richtiger gewesen wäre, sich ihren Protest voll zu eigen zu machen“. In gut 30 Orten gehen am Abend Tausende zu Demonstrationen auf die Straße.

Mittwoch, 15. November

Die Bundesregierung beschließt, die Mittel für das an Besucher aus der DDR gezahlte „Begrüßungsgeld“ auf knapp 780 Millionen Mark zu erhöhen. In Ost-Berlin kommt es erstmals zu einem Fachgespräch über schulisch-pädagogische Fragen zwischen Vertretern der evangelischen Kirche und des DDR-Volksbildungsministeriums. Die Politiker Kurt Biedenkopf (CDU) und Georg Leber (SPD) schlagen die Gründung einer „Solidaritätsstiftung des deutschen Volkes“ zur Verbesserung der Lebensbedingungen in der DDR vor. Aus über 30 Städten werden Demonstrationen gemeldet.

Donnerstag, 16. November

Die „Berliner Zeitung“ (SED) und die „Neue Zeit“ (DDR-CDU) beginnen damit, auch die Programme westlicher Fernsehsender zu veröffentlichen. In Bonn erklärt die Bundesregierung, dass sie am Ziel der Wiedervereinigung festhalte, sie aber den Menschen in der DDR nicht aufzwingen wolle.

Freitag, 17. November

Ministerpräsident Modrow stellt in der Volkskammer sein neues Kabinett mit 28 Ministern vor. 16 von ihnen gehören der SED, vier der LDPD, drei der DDR-CDU und je zwei der DBD und der NDPD an. In seiner Regierungserklärung verspricht er, die DDR-Wirtschaft aus der Krise zu führen und sie zu stabilisieren. Das Innenministerium hat nach eigenen Angaben inzwischen 154 neue politische Gruppierungen registriert. Tausende demonstrieren am Abend in über 25 Städten gegen das Machtmonopol der SED.

Samstag, 18. November

Hunderttausende DDR-Bürger starten am zweiten Wochenende mit offener Grenze zu Kurzbesuchen nach Westdeutschland und West-Berlin. Trotz zügiger Abfertigung kommt es zu kilometerlangen Staus an den Grenzübergängen. Vor der Volkskammer berichtet Generalstaatsanwalt Günter Wendland, dass bei den gewalttätigen Übergriffen der Sicherheitskräfte Anfang Oktober 3.456 Personen „zugeführt“ und gegen 630 Ermittlungsverfahren eingeleitet worden seien. In Ost-Berlin, Dresden und Leipzig demonstrieren weit über 150.000 Menschen gegen den Führungsanspruch der SED und für freie Wahlen. An der ersten offiziell genehmigten Kundgebung des „Neuen Forums“ nehmen in der Messestadt über 50.000 Menschen teil.

Sonntag, 19. November

Trotz der regen Reisewelle und in Aussicht gestellter Reformen kommt es überall im Land zu Demonstrationen und Protesten. In Dresden fordern 70.000 Menschen freie Wahlen und ein Ende des SED-Machtanspruchs. In der Potsdamer Erlöserkirche diskutieren Vertreter des „Neuen Forums“ mit dem Rektor der SED-Akademie für Gesellschaftswissenschaften, Otto Reinhold.

Kampf der SED gegen die Kirche ging zu Lasten der Kinder

DDR-Volksbildung stellte sich erstmals der Kritik

Die kirchenpolitische Sensation ging im Strudel der Herbst-Ereignisse unter: Knapp zwei Jahrzehnte hatten sich die Leitungen der evangelischen Kirchen um ein Gespräch mit den Verantwortlichen der DDR-Volksbildung bemüht und waren dabei immer wieder brüsk abgewiesen worden. Als am 15. November 1989 endlich ein erstes Gespräch zu Stande kam, interessierte sich kaum noch jemand dafür. Entsprechend spärlich waren die Reaktionen in Kirche und Gesellschaft.

Dabei hatten sich die Kirchenleitungen in keinem anderen Bereich so hartnäckig um eine generelle Lösung der Konflikte eingesetzt wie im Bildungsbereich. Kaum eine Synode war vergangen, ohne dass die Diskriminierungen junger Menschen in Schule und Berufsausbildung beklagt wurden. Und obwohl sie nur von ihrem Recht auf Glaubens- und Gewissensfreiheit Gebrauch machten, ging der SED-Kirchenkampf nicht selten zu ihren Lasten.

Allen gegenteiligen Beteuerungen zum Trotz ließen staatliche Pädagogen sie immer wieder wissen, dass sie mit ihrem unangepassten Verhalten keinen Platz in der sozialistischen Gesellschaft beanspruchen können. Da reichte gelegentlich schon die Verweigerung der Jugendweihe oder Kritik an politischen Vorgängen in der Gesellschaft, um zum Staatsfeind gestempelt zu werden. Und das traf nicht nur Kinder aus christlichen Familien.

Die Palette der Strafen war breit und reichte von öffentlichen Abmahnungen bis zu Einträgen ins Zeugnis. Ein wiederkehrendes Disziplinierungsmittel war zudem der Ausschluss von Abitur und Studium. Und selbst

Schulverweise waren noch Ende der achtziger Jahre an der Tagesordnung, wie vier Schüler der Carl-von-Ossietzky-Oberschule in Ost-Berlin im Herbst 1988 schmerzlich zu spüren bekamen. Dabei hatten sie nur an der Wandzeitung ihrer Schule die Streiks in Polen erwähnt und den Sinn von Militärparaden in Frage gestellt. Ihre „Entfernung" von der Schule löste damals eine Protestwelle aus, die wie nie zuvor die schulischen Erziehungsziele in Frage stellte.

Doch zu ernsthaften Auseinandersetzungen war die SED nie fähig - schon gar nicht in diesen Fragen. Der „IX. Pädagogische Kongress" im Juni 1989 in Ost-Berlin ließ daran keinen Zweifel. Er setzte fort, was alle bis zum Überdruss kannten, und machte damit jede noch so schwache Hoffnung auf Reformen im DDR-Schulsystem gründlich zunichte. Dennoch hatten sich viele im Vorfeld des Pädagogentreffens an den Diskussionen beteiligt und mehr oder minder ausführliche Voten mit kritischen Anmerkungen, Vorschlägen und Forderungen an die Akademie der Pädagogischen Wissenschaften übermittelt. Aber selbst der DDR- Kirchenbund stieß mit seinen Vorschlägen auf taube Ohren.

Die SED bestätigte damit zugleich, was ihr ein knappes Jahr zuvor bereits der Mediziner und Molekularbiologe Jens Reich ins Stammbuch geschrieben hatte. Das DDR-Bildungssystem leide an der Armut ihrer Erziehungsziele, hatte er in der Ost-Berliner Gethsemanekirche betont. Was fehle, seien Ziele wie: den Sinn von Leben und Tod zu bedenken, andere Menschen zu lieben und ihr Anderssein ertragen zu lernen, das Leid anderer zu lindern, Schwache zu verteidigen und bei Unrecht nicht wegzusehen. Dazu gehöre auch, Natur und Umwelt zu schützen und zu lernen, dass Konsum und Bedürfnisbefriedigung keine Ideale sind, die zudem unbegrenzt wachsen können.

Damit fand Reich bei der SED so wenig Verständnis wie die Kirchen. Sie hatten in ihrem Beitrag zum Pädagogenkongress gefordert, die Ausbildung von Dialogfähigkeit in den Schulen zu verstärken und die Urteilsfähigkeit in ethischen Fragen zu fördern. Viel Zeit ist den DDR-Pädagogen dafür nicht geblieben, denn schon ein gutes Jahr später mussten sie ihre Lehrpläne gegen völlig andere tauschen. Für ihr pädagogisches Verständnis war damit allerdings noch kein Ersatz geschaffen.

Hans-Jürgen Röder

Vom Haus der Eltern blieben nur Fotos

Auch zehn Jahre nach der Wende ist im Streit um die Mauergrundstücke kein Ende in Sicht

Vom Haus seiner Eltern in der Berliner Rehpfuhl-Siedlung sind Konrad Bautz nur einige Fotos geblieben. Bis Kriegsende 1945 hatte sein Vater daran gebaut. Erhalten davon sind heute nur noch die Fundamente - im Niemandsland des ehemaligen Mauerstreifens zwischen Alt-Glienecke und Neukölln. Ende September 1961 musste er mit seiner Mutter das Haus räumen. „Einen Tag haben sie uns zum Packen gegeben“, erinnert er sich.

„Das Haus wird versiegelt“, hatte der Offizier gesagt, „bis die Westalliierten aus Berlin weg sind, dann kriegen Sie es wieder.“ Drei Tage später rückten Pioniere der DDR-Grenztruppen an und machten das Haus dem Erd-

Warten auf die Maueröffnung am Brandenburger Tor in West-Berlin am 16. November 1989 (epd-bild/Neetz)

boden gleich - es stand im Schussfeld. Im Jahr darauf wurde Bautz vorgeladen, um die Enteignung nach Paragraf 10 des DDR-Verteidigungsgesetzes zu unterschreiben.

Knapp drei Jahrzehnte später ist die Mauer gefallen. Bautz beginnt, von einem Obstgarten mit einer kleinen Datsche auf dem 800 Quadratmeter großen Grundstück zu träumen. Wie viele andere stellt er Anfang der 90er Jahre einen Rückübertragungsantrag - ohne Erfolg. „Die Bundesregierung bereichert sich, ist Nutznießer des Mauerbaus“, sagt der heute 63-Jährige, der nach der Wende arbeitslos wurde und heute im Ruhestand lebt. Das Gelände ist als ehemaliges DDR-Vermögen in Bundesbesitz übergegangen.

Die Enteignung sei legal nach DDR-Gesetzen erfolgt, erklärt der Sprecher der Berliner Oberfinanzdirektion, Manfred Reuß. Der Bund wolle, wie im Einigungsvertrag und dem Vermögensgesetz festgelegt, nur grob rechtsstaatswidrige Eigentumsverschiebungen rückgängig machen. Eine kostenlose Rückgabe käme deshalb nicht in Frage, die Besitzer seien ja auch entschädigt worden, wie Konrad Bautz, der für Haus und Grundstück 10.000 DDR-Mark erhalten hatte.

„Früher haben alle im Westen von Schandmauer gesprochen, und jetzt spielen sie so ein übles Spiel mit uns“, ereifert sich Joachim Hildebrandt, der zweite Vorsitzende der seit 1992 bestehenden „Interessensgemeinschaft ehemaliger Grundstücksbesitzer auf dem Mauerstreifen“. Er schätzt, dass sich die DDR für den Todesstreifen um West-Berlin über 1.200 Grundstücke einverleibt hat. „In Berlin galt alliiertes Recht“, betont er. Das habe die Entmilitarisierung der Stadt gefordert. Das DDR-Verteidigungsgesetz sei darum gar nicht anwendbar gewesen. Somit fehle den Enteignungen jede rechtliche Grundlage.

1996 wurde das Mauergrundstücksgesetz beschlossen, ein „unseliges Hehlergesetz", wie Hildebrandt es nennt. Es sieht vor, dass die umstrittenen Flächen den Alteigentümern für ein Viertel des heutigen Verkehrswertes zum Kauf angeboten werden. Bei Eigenbedarf bleiben sie beim Bund, der dafür eine 75-prozentige Entschädigung zahlt. Doch damit wollte sich die Interessensgemeinschaft nicht zufrieden geben, sondern zog bis vor das Bundesverfassungsgericht. Das aber nahm nach drei Jahren die Klage „mangels Erfolgsaussicht" gar nicht erst an.

Wolf-Dietrich Golz hat Ende Oktober in Berlin-Staaken Richtfest feiern können, dort, wo früher das Haus seiner Eltern stand. 95 Mark hat er für den Quadratmeter gezahlt, statt 370, wie ortsüblich. Er habe in dem Mauergrundstückgesetz einen „annehmbaren Kompromiss" gesehen, betont Golz und verweist darauf, dass sonst alle mit Rückforderungen gekommen wären, „von den Junkern bis zu IG Farben". Die Interessensgemeinschaft, in der er Schriftführer war, hat ihn deshalb schon 1996 ausgeschlossen. Über 1.000 Anträge auf Rückerwerb von insgesamt mehr als 310 Hektar liegen inzwischen den Oberfinanzdirektionen Berlin und Cottbus vor. 99 Alteigentümer haben ihr Grundstück schon zurückgekauft.

Konrad Bautz will weiter für sein Grundstück kämpfen. Dabei ist ihm durchaus bewusst, dass er es auch dann nicht wieder bekäme, wenn er zahlen würde. Denn der Bund plant auf dem ehemaligen Mauerstreifen am Teltow-Kanal entlang und über die Fundamente seines Elternhauses eine neue Autobahn. *Georg Gruber*

SED stimmt Einrichtung eines Runden Tisches zu

*In der Woche vom **20. bis 26. November 1989** stimmt die SED-Führung der Einrichtung eines Runden Tisches für Gespräche über die Zukunft der DDR zu. Die DDR-CDU plädiert für eine „Konföderation" beider deutscher Staaten.*

Montag, 20. November

Kanzleramtsminister Rudolf Seiters (CDU) nennt bei einer Begegnung mit Ministerpräsident Hans Modrow (SED) in Ost-Berlin freie Wahlen, Zulassung oppositioneller Parteien, Verzicht auf SED-Führungsanspruch, Einführung marktwirtschaftlicher Mechanismen sowie Reiseerleichterungen mit Devisenfonds und Abschaffung des Pflichtumtausches für Bundesbürger als Vorbedingung für wirtschaftliche Hilfe aus Bonn. Modrow spricht sich für enge Zusammenarbeit mit der Europäischen Gemeinschaft aus.

An der Montagsdemonstration beteiligen sich in Leipzig rund 250.000 Menschen. In Halle fordern 50.000 Menschen freie Wahlen und gesellschaftliche Erneuerung. Zehntausende gehen auch in Cottbus, Dresden, Magdeburg, Neubrandenburg und Schwerin auf die Straße. Das „Neue Forum" teilt mit, dass der erste Aufruf vom 9. September inzwischen von 200.000 Personen unterschrieben worden sei.

Dienstag, 21. November

Sprecher des „Neuen Forums" erörtern in einem zweieinhalbstündigen Gespräch mit dem SED-Bezirkschef von Karl-Marx-Stadt, Norbert Kertscher,

Diskussion in der Erlöserkirche im Rahmen der kirchlichen Friedensdekade (epd-bild/Walter)

Fragen der Verfassungsreform, des Wahlgesetzes und der Rechtssicherheit. Die Reformgruppe „Demokratie Jetzt“ lädt alle oppositionellen Gruppen und Parteien zu einem Runden Tisch ein, um zu einem abgestimmten Handeln zu kommen. In über 20 Orten der DDR gehen wieder Tausende auf die Straße. Immer häufiger wird die Auflösung der DDR-Staatssicherheit und der Zugang zu ihren Akten gefordert.

Mittwoch, 22. November

Die SED-Führung erklärt sich auf Drängen der Opposition zu Gesprächen über die Zukunft des Landes an einem zentralen Runden Tisch bereit. „Demokratie Jetzt“ fordert von der SED-Führung die Offenlegung des gesamten Parteienvermögens sowie der Devisenbeschaffung durch parteieigene Außenhandelsbetriebe. Die DDR-CDU unter ihrem neuen Vorsitzenden Lothar de Maizière spricht sich in einer Erklärung für eine „Konföderation“ beider deutscher Staaten aus, in der sich die „Einheit der Nation“ widerspiegeln soll. Am Abend kommt es in rund 20 Orten zu Demonstrationen gegen die SED und die Staatssicherheit.

Donnerstag, 23. November

Der Leiter des in „Amt für Nationale Sicherheit“ umbenannten Stasi-Ministeriums, Wolfgang Schwanitz, kündigt an, der Geheimdienst werde um 8.000 Mitarbeiter verkleinert. Die SED schließt den für Wirtschaftsfragen zuständigen SED-Funktionär Günter Mittag aus der Partei aus, gegen Erich Honecker wird ein Parteiverfahren eingeleitet. In Erfurt, Gera, Rostock und anderen Städten demonstrieren erneut Zehntausende für Reformen in der DDR.

Freitag, 24. November

Vertreter der oppositionellen Kräfte in der DDR einigen sich in Ost-Berlin darauf, mit der auch von der SED begrüßten Verständigung aller politischen Gruppen und Parteien am Runden Tisch am 7. Dezember im Ost-Berliner Dietrich-Bonhoeffer-Haus zu beginnen. Nach einer Umfrage von DDR-Soziologen sprechen sich 83 Prozent der Bevölkerung dafür aus, dass die DDR ein souveräner sozialistischer Staat bleiben soll. Bei den abendlichen Demonstrationen wird die Nachricht, dass in Prag auf Druck der Bürgerbewegung unter Vaclav Havel und Alexander Dubcek die kommunistische Regierung abgedankt habe, mit stürmischem Beifall aufgenommen.

Samstag, 25. November

In Plauen im Vogtland demonstrieren rund 5.000 Menschen bei Schnee und Eis für die Wiedervereinigung beider deutscher Staaten.

Sonntag, 26. November

Namhafte Persönlichkeiten der DDR und Angehörige von Basisgruppen veröffentlichen den Aufruf „Für unser Land“. Darin appellieren sie, sich für eine eigenständige DDR einzusetzen, die eine solidarische Gesellschaft entwickelt und in der Frieden und soziale Gerechtigkeit, Freiheit des Einzelnen, Freizügigkeit aller und die Bewahrung der Umwelt gewährleistet sind. Erstunterzeichner sind unter anderen Christa Wolf, Volker Braun, Stefan Heym und Friedrich Schorlemmer. Das „Neue Forum“ beendet in Ost-Berlin eine zweitägige Konferenz mit Experten aus Ost und West über anstehende Wirtschaftsreformen in der DDR.

Programmänderung

Die Leipziger Dokumentarfilmwoche 1989

Die 1955 gegründete Internationale Dokumentarfilmwoche in Leipzig war die wichtigste Kulturveranstaltung der DDR. Sie gab sich weltoffen, gestattete sich auch manche künstlerischen Freiheiten, die in der DDR sonst nicht gewährt wurden. Insgesamt aber wurde das Festival völlig von der SED kontrolliert. Als am 24. November 1989 die 32. Dokumentarfilmwoche eröffnet wurde, 14 Tage nach dem Fall der Mauer in Berlin, war die Spannung groß, wie die Veranstalter auf die neue Situation reagieren würden.

Festivaldirektor Ronald Trisch, seit 1973 im Amt, räumte ein, dass die Filmwoche sich staatliche Eingriffe hatte gefallen lassen, ohne sich richtig zur Wehr zu setzen. Man durfte die Welt nicht zeigen, wie sie ist, sondern „wie sie sich unsere Führung vorstellte". Noch schwerwiegender Trischs Eingeständnis: Als 1983 vor dem Festivalkino „Capitol" Christen nach einer Friedensdemonstration verhaftet wurden, habe die Festivalleitung geschwiegen. Folgerichtig traten Trisch und das Festivalkomitee nach der Filmwoche 1989 zurück. Die Filmwoche hat seitdem demokratische Strukturen, wie sie zuvor nicht möglich waren.

In der Eröffnungsvorstellung dann die erste Programmänderung, der noch viele folgten: Aktuelle Dokumentationen über die friedliche Revolution in der DDR, die erst in letzter Minute fertig wurden, kamen zusätzlich ins Programm. Eindrucksvoll vor allem „Leipzig im Herbst" aus dem Dokumentarfilmstudio, „Aufbruch '89 Dresden" und „10 Tage im Oktober" (über Berlin), beide von Studenten der Filmhochschule gedreht, halb legal vor

Grenzbeamte der DDR an der brüchigen Mauer
(epd-bild/Langrock)

Honeckers Ablösung. Gedeckt wurden die Studenten von ihrem Rektor Lothar Bisky, dem heutigen PDS-Vorsitzenden. Es waren Kollektivarbeiten, die in ihrer rauen Ästhetik an die Filme der 68er-Bewegung im Westen erinnerten.

Geradezu prophetische Qualitäten bewies Roland Steiners abendfüllende Dokumentation „Unsere Kinder". Sie beschäftigte sich mit der rechtsradikalen Jugendszene in der DDR und sah die Schuld für das Entstehen rechter Strömungen nicht nur bei den Jugendlichen, sondern auch bei der Gesellschaft, aus der sie ausbrechen wollten. Diese These war damals so provozierend, dass der Film wenige Wochen vorher auf einem DDR-internen Festival in Neubrandenburg noch nicht laufen durfte.

Am 27. November nahmen fast alle Filmwochengäste an der Montagsdemonstration teil, auf der - nach zaghaften Versuchen eine Woche vorher - erstmals mit Vehemenz die Wiedervereinigung gefordert wurde. Die Atmosphäre war nicht euphorisch und locker, sondern gespannt, denn neben den Befürwortern der Vereinigung meldeten sich auch Redner zu Wort, die für eine erneuerte DDR eintraten, und sie wurden meist gnadenlos ausgebuht.

Von diesem Abend an war das Festival eigentlich keine Filmveranstaltung mehr, sondern ein Diskussionsforum über die nationale Frage. Auch hier standen sich die Positionen zum Teil unversöhnlich gegenüber. Festivalteilnehmer aus der DDR formulierten: „Parolen, die die Wiedervereinigung fordern, weisen ins Gestern. Die Krise der DDR kann nicht von außen, sie kann nur vom Volk selber behoben werden."

Andere hatten Verständnis für die Motive derer, die die Vereinigung forderten. Auch die Besucher aus der Bundesrepublik, darunter viele Linke, beteiligten sich engagiert an den Diskussionen. Manchmal schien es sogar, die Westdeutschen sorgten sich mehr um den Sozialismus in der DDR als die DDR-Bürger selbst.

Wilhelm Roth

EKD-Beauftragter Neukamm äußert Verständnis für Kohls Kirchen-Schelte

„Zurückhaltung statt Glockengeläut“

Der frühere Präsident des Diakonischen Werkes, Karl Heinz Neukamm (70), hat Verständnis für die massive Kritik von Altbundeskanzler Helmut Kohl am Verhalten der Kirchen bei der deutschen Wiedervereinigung geäußert. Einige Verantwortliche der Kirchen hätten am Tag der deutschen Einheit 1990 sehr zurückhaltend reagiert, statt die Glocken zu läuten und „dankbar zu bekunden, dass hier ein Wunder geschehen ist“, sagte Neukamm in Nürnberg in einem Gespräch.

Die Kriegsgefangenen aus der Sowjetunion und die Aussiedler seien in den Nachkriegsjahren auch „mit Glockengeläut und dem Choral 'Nun danket alle Gott' begrüßt worden“, betonte der Umsiedler- und Vertriebenenbeauftragte der Evangelischen Kirche in Deutschland (EKD). „Wer das erlebt hat kann nicht verstehen, dass es in manchen Kirchen zur Feier der deutschen Einheit so stumm zugegangen ist.“

Kohl hatte den Kirchen vorgeworfen, sie hätten zur deutschen Einheit „erbärmlich geschwiegen“. Es sei eine „der ganz großen Enttäuschungen seines Lebens gewesen“, dass sie nicht in der Lage gewesen seien, zum Tag der deutschen Einheit einen gemeinsamen Aufruf zu formulieren und die Glocken zu läuten. Führende Vertreter der Kirchen wie der Präses der EKD-Synode, Jürgen Schmude, der Katholische Berliner Kardinal Georg Sterzinsky sowie der katholische Bischof Joachim Reinelt (Dresden) hatten diese Vorwürfe als unberechtigt zurückgewiesen.

Neukamm plädierte zudem dafür, zehn Jahre nach der Wende „offensichtliche Ungerechtigkeiten“ in Ostdeutschland abzubauen. „Heute gibt es keine einleuchtenden Gründe mehr, dass wir Unterschiede im Lohn- und Gehaltsgefüge aufrechterhalten“, sagte der frühere Diakonie-Präsident. Auch der Solidaritätszuschlag sollte von den Parteien „auf absehbare Zeit nicht zur Disposition gestellt werden“.

Der EKD-Beauftragte sprach sich dafür aus, wieder mehr Partnerschaften zwischen Ost- und Westdeutschland aufzubauen. „Wir waren uns in der Zeit der Mauer und des Stacheldrahtes in vieler Hinsicht näher als heute“, sagte Neukamm. Viele persönliche Kontakte seien in den vergangenen zehn Jahren „eingeschlafen“ und müssten wieder aufgenommen werden. „Erschreckend viele Westdeutsche kennen Mallorca und die anderen südlichen Urlaubsgebiete, waren aber noch nie in Sachsen und Thüringen“, kritisierte der Theologe.

Bei den Montagsdemonstrationen tauchen am 4. Dezember immer wieder Forderungen nach Wiedervereinigung auf (epd-bild/Schoelzel)

Kohl legt Zehn-Punkte-Programm vor

Politbüro tritt zurück

In der Woche vom ***27. November bis 3. Dezember 1989*** *demonstrieren Hunderttausende in der DDR für demokratische Erneuerung und die deutsche Einheit. Bundeskanzler Helmut Kohl ergreift die Initiative und legt im Bundestag sein Zehn-Punkte-Programm zur Wiedervereinigung vor. SED-Politbüro und Zentralkomitee treten zurück.*

Montag, 27. November

In mehreren Städten in der DDR beteiligen sich Hunderttausende an Kundgebungen und Demonstrationen für demokratische Erneuerung. Immer häufiger wird zudem der Ruf nach Wiedervereinigung laut. In Leipzig fordern etwa 200.000 Menschen nicht nur freie Wahlen, Meinungsfreiheit und Bestrafung ehemaliger SED-Funktionäre, sondern skandieren auch „Deutschland, einig Vaterland“, eine Zeile der DDR-Nationalhymne. In Schwerin fordern 10.000 Demonstranten in Sprechchören „Stasi in die Volkswirtschaft“.

Dienstag, 28. November

Bundeskanzler Helmut Kohl schlägt in Bonn in einem Zehn-Punkte- Programm zur deutschen Einheit eine deutsch-deutsche Konföderation vor. In einem gemeinsamen Aufruf „Für unser Land“ sprechen sich 30 Persönlichkeiten der DDR für einen eigenständigen Weg als sozialistische Alternative zur Bundesrepublik aus. Unterzeichner sind unter anderen die Autoren Christa Wolf und Stefan Heym, die Filmemacher Frank Beyer und Konrad Weiß sowie der Magdeburger Bischof Christoph

Demke. Der Dresdner Superintendent Christof Ziemer äußert sich besorgt über die Eskalation der sozialen Probleme im Land.

Mittwoch, 29. November

DDR-Kulturminister Dietmar Keller teilt mit, dass zum 1. Dezember die Vorzensur für Bücher abgeschafft wird. Der stellvertretende DDR-Umweltminister Frank Herrmann ruft die Kirchen und ihre Umweltgruppen in einem Gespräch mit Vertretern des evangelischen Kirchenbundes zu engerer Zusammenarbeit auf. Am Abend fordern Zehntausende bei Demonstrationen in zahlreichen Orten den konsequenten Abbau von Privilegien und eine lückenlose Aufdeckung von Korruption und Amtsmissbrauch. Wiederholt kritisiert wird auch Kohls Zehn-Punkte-Plan.

Donnerstag, 30. November

In Erfurt und anderen Städten demonstrieren wieder Zehntausende gegen Korruption und Amtsmissbrauch. Aus gleichem Anlass kommt es auch zu einigen Warnstreiks. In Rostock und Gera fordern die Demonstranten die Auflösung der Staatssicherheit.

Freitag, 1. Dezember

Die DDR-Volkskammer beschließt, aus Artikel 1 der DDR-Verfassung die „führende Rolle“ der SED zu streichen. In einem weiteren Beschluss entschuldigt sich die Volkskammer beim Volk der CSSR für die Teilnahme der DDR-Volksarmee am Einmarsch in Prag 1968. Am Abend tritt Wolf Biermann in Leipzig 13 Jahre nach seiner Ausbürgerung erstmals wieder bei einem Konzert in der DDR auf. In über 15 Orten gehen am Abend die Menschen wieder auf die Straße.

Samstag, 2. Dezember

Vor dem Haus des SED-Zentralkomitees versammeln sich Tausende Parteimitglieder und fordern eine radikale Erneuerung für ihre Partei sowie den Rücktritt der gesamten Parteiführung. In mehr als 20 Städten fordern die Menschen bei Demonstrationen am Abend ein Ende der SED-Macht und die Auflösung der Staatssicherheit.

Sonntag, 3. Dezember

Politbüro und Zentralkomitee der SED erklären ihren Rücktritt. Erich Honecker und zahlreiche andere ehemalige SED-Spitzenfunktionäre werden aus der Partei ausgeschlossen. Der Leiter des Bereichs Kommerzielle Koordinierung, Alexander Schalck-Golodkowski, flüchtet über West-Berlin in den Westen. Mit einer Menschenkette von Saßnitz auf der Insel Rügen bis nach Zittau an der Grenze zur Tschechoslowakei haben Tausende DDR-Bürger aller Altersstufen ihren Willen zur gesellschaftlichen Erneuerung bekräftigt.

Vision von einer Welt ohne Waffen

DDR-Opposition hatte meist christliche Wurzeln

Der lautstarke Protest gegen die öffentliche Vereidigung junger Rekruten auf dem Marktplatz von Meißen ließ Mitte der neunziger Jahre den damaligen Bundesverteidigungsminister Volker Rühe (CDU) geradezu zornig werden: Statt zu lärmen, wäre es mutiger gewesen, wenn sie zu DDR-Zeiten gegen bestehendes Unrecht protestiert hätten, rief er den jungen Männern zu, die mit

Trillerpfeifen den feierlichen Ablauf des militärischen Zeremoniells störten.

Doch nicht PDS-Anhänger, wie von Rühe offenbar vermutet, sondern Mitglieder des Meißner Friedensseminars wollten mit ihrem Protest unterstreichen, dass sich ihre Vision von einer Welt ohne Waffen auch nach der Wiedervereinigung nicht erledigt hat. Seit 25 Jahren besteht der Friedenskreis bereits. Er ging wie viele der neuen Oppositionsgruppen und Parteien vor zehn Jahren in der DDR aus kirchlichen Basisgruppen hervor.

Der Anstoß zur Gründung von Friedensgruppen wie in Meißen kam Anfang der siebziger Jahre von jungen Männern, die jegliche Ausbildung an der Waffe ablehnten und ihren Wehrdienst in Baueinheiten der Volksarmee leisteten. Aus regelmäßigen Treffen ehemaliger Bausoldaten entstanden die ersten Friedensseminare. Später folgten - oft als Arbeitsgruppen der Kirchengemeinden - friedenspolitische Gruppen und Initiativen, die das Wettrüsten zwischen Ost und West, aber auch die zunehmende Militarisierung vieler Bereiche der DDR-Gesellschaft nicht mehr tatenlos hinnehmen wollten.

Mit Friedensandachten, Informationsabenden und Seminaren sowie Eingaben und öffentlichen Erklärungen stießen die Gruppen nicht nur bei der SED und der Staatssicherheit regelmäßig auf Widerstand. Sie nötigten auch die Kirchen, sich den friedenspolitischen Herausforderungen zu stellen. In den achtziger Jahren gab es in der DDR einige hundert Basisgruppen und Kreise vor allem unter dem Dach der evangelischen Kirchen. Viele ihrer Mitglieder trugen den Friedensaufnäher mit der biblischen Forderung „Schwerter zu Pflugscharen“ und kamen deshalb in Konflikt mit der Staatsmacht.

Die meisten entstanden als christliche Gruppen, waren aber für Nichtchristen offen. Einige verstanden sich bewusst nicht als kirchlich, blieben aber auf Räume, Informationswege und Vervielfältigungstechnik der Kirchen angewiesen. Zusammen mit den Umwelt- und Dritte-Welt-Gruppen, die parallel entstanden waren und meist überregional arbeiteten, drängten die Friedensgruppen immer wieder die eigenen Kirchen zu konkretem Engagement: für die Einführung eines „sozialen Friedensdienstes" als Alternative zum Wehrdienst, zum Protest gegen die Stationierung neuer Mittelstreckenraketen in Ost- und Westeuropa und gegen die Einführung von Wehrunterricht an den allgemein bildenden Schulen der DDR.

Dabei gab es auch Konflikte zwischen Gruppen und Kirchenleitungen. Denn das Engagement der Gruppen zwang nicht nur zur Auseinandersetzung in Sachfragen. Es wuchs auch der staatliche Druck auf die kirchlich Verantwortlichen, die Initiativen zu kontrollieren und zu disziplinieren.

Ohne die kirchlichen Basisgruppen wäre es jedoch Ende der achtziger Jahre wohl nicht zu der historischen Zusammenarbeit in der Ökumenischen Versammlung für Gerechtigkeit, Frieden und Bewahrung der Schöpfung gekommen. Viele der Forderungen, die im April 1989 in Dresden formuliert wurden, gingen später in die Programme und Erklärungen von neuen Parteien und Reformgruppen ein. Ob „Neues Forum" oder SDP, Demokratie Jetzt oder Demokratischer Aufbruch - sie alle haben ihre Wurzeln in einem zum Teil jahrelangen Engagement christlicher Basisgruppen.

Von diesen Gruppen selbst hat allerdings nur ein kleiner Teil die friedliche Revolution im Herbst 1989 überlebt. Ihre Mitglieder wanderten schon bald in die großen Verbände und Parteien ab. *Hans-Jürgen Röder*

Erste Verhandlungen am Runden Tisch im Ost-Berliner Dietrich-Bonhoeffer-Haus am 7. Dezember 1989
(epd-bild/Schoelzel)

Erster Runder Tisch

Stasi-Dienststellen werden besetzt

In der Woche vom ***4. bis 10. Dezember 1989*** *tagt erstmals der Runde Tisch im Ost-Berliner Dietrich-Bonhoeffer-Haus. Er wird bis zu den ersten freien Wahlen das entscheidende politische Forum. In zahlreichen Städten besetzten aufgebrachte Bürger die Stasi-Dienststellen, um die Vernichtung von Akten zu verhindern. Die Massendemonstrationen gehen weiter, sie richten sich zum Tag der Menschenrechte gegen Ausländerfeindlichkeit und fordern Grundrechte ein.*

Montag, 4. Dezember

Aus Sorge, dass die Stasi-Mitarbeiter in ihren Dienststellen Beweismaterial vernichten, beginnen aufgebrachte Bürger Kreis- und Bezirksdienststellen der Staatssicherheit zu besetzen. In einem „Appell der Vernunft" fordern prominente Künstler, Wissenschaftler, Kirchenleute und SED-Funktionäre von der DDR- Regierung, ab sofort sogenannte „Bürgerkomitees" an der Aufklärung von Korruption und Machtmissbrauch zu beteiligen. Die CDU verlässt wie auch die LDPD den Demokratischen Block und fordert den Rücktritt von Egon Krenz als Vorsitzender des Staatsrats und des Nationalen Verteidigungsrates. Die SDP regt den 6. Mai als Termin für freie Wahlen an. An den abendlichen Demonstrationen beteiligen sich in Dresden, Karl-Marx-Stadt und Magdeburg jeweils rund 60.000 Menschen und in Leipzig über 150.000 Menschen, darunter viele mit schwarzrotgoldenen Fahnen.

Dienstag, 5. Dezember

Kanzleramtsminister Rudolf Seiters vereinbart bei einem Treffen mit Ministerpräsident Hans Modrow einen gemeinsamen Devisenfonds sowie Aufhebung von Zwangsumtausch und Visumspflicht. In Ost- Berlin tritt die Leitung des Ministeriums für Staatssicherheit, das Kollegium, geschlossen zurück. In Suhl und zahlreichen anderen Orten erzwingen aufgebrachte Demonstranten den Zugang zu den Ämtern für Nationale Sicherheit, den vormaligen Stasi- Behörden. Bei den abendlichen Demonstrationen in über 30 Orten werden weitere Stasi-Kreisämter besetzt.

Mittwoch, 6. Dezember

Egon Krenz tritt als Staatsratsvorsitzender und als Vorsitzender des Nationalen Verteidigungsrates zurück. Auf Einladung mehrerer Oppositionsgruppen in der DDR besucht der Dalai Lama erstmals Ost-Berlin. In rund 20 überwiegend kleineren Orten kommt es am Abend wieder zu Demonstrationen, die sie vor allem gegen die Staatssicherheit richten.

Donnerstag, 7. Dezember

Im Ost-Berliner Dietrich-Bonhoeffer-Haus tritt der zentrale Runde Tisch zu seiner ersten Sitzung zusammen und beschließt, mit der Arbeit an einer neuen Verfassung sofort zu beginnen. Die eigene Arbeit soll nach dem Willen der 32 Mitglieder des Runden Tisches bis zu den ersten freien, demokratischen und geheimen Wahlen in der DDR fortgesetzt werden. Zu den von der Regierung geforderten Maßnahmen gehört unter anderem die sofortige Auflösung des aus dem Stasi-Ministerium hervorgegangenen Amtes für Nationale Sicherheit. In Erfurt demonstrieren über 15.000 Menschen gegen Gewalt, Rache und Ausländerfeindlichkeit.

Freitag, 8. Dezember

Ministerpräsident Hans Modrow ordnet die Auflösung des Amtes für Nationale Sicherheit an und beauftragt die Polizei mit der Sicherung der ehemaligen Stasi-Objekte. In den DDR-Gefängnissen verschärft sich die Situation trotz der am Vortag erlassenen Teilamnestie. Die Konferenz der Evangelischen Kirchenleitungen fordert in einem Appell an alle Bürger im Land dazu auf, die gegenwärtigen Aufgaben ohne Gewalt und Rache, sondern im „Geist der Versöhnung“ zu lösen. Die abendlichen Demonstrationen richten sich erneut gegen die anhaltende Vorherrschaft der SED, die in Ost-Berlin zu einem Sonderparteitag zusammengekommen ist.

Sonnabend, 9. Dezember

Der SED-Parteitag wählt den Ost-Berliner Rechtsanwalt Gregor Gysi zum neuen Parteivorsitzenden. Im Ost-Berliner Lustgarten demonstrieren Tausende für eine schnelle Wiedervereinigung. In Dresden und Magdeburg demonstrieren Kinder und Jugendliche für eine Erneuerung des Bildungswesens. In Plauen fordern die über 10.000 Demonstranten einen Volksentscheid zur Wiedervereinigung.

Sonntag, 10. Dezember

Zum Tag der Menschenrechte finden erstmals in zahlreichen Orten der DDR Demonstrationen für Menschenrechte und gegen Ausländerfeindlichkeit statt. Der Wittenberger Pfarrer Friedrich Schorlemmer wird in West-Berlin „stellvertretend für die Oppositionsbewegung in der DDR“ mit der Carl-von-Ossietzky- Medaille der Liga für Menschenrechte ausgezeichnet.

Schule für Demokratie und Streitkultur

Am Runden Tisch suchten 1989 Opposition und Regierung der DDR nach Wegen aus der Krise

Konrad Weiß könnte sich heute noch aufregen, wenn er an die erste Sitzung des Runden Tisches denkt. Im weiß getünchten Kirchsaal der Evangelischen Brüdergemeine des Dietrich-Bonhoeffer-Hauses in Ost-Berlin hatten sich am 7. Dezember 1989 unter dem Herrnhuter Adventsstern erstmals Vertreter der Reformgruppen und Regierungsparteien am Runden Tisch niedergelassen. Mit dabei waren einige Dutzend Fotografen und Journalisten der schreibenden Zunft. Sie ließen keinen Zweifel daran, dass dieses Treffen ein öffentliches Ereignis war - ganz zum Ärger der SED-Genossen, die mit Macht darauf drängten, die Öffentlichkeit auszuschließen.

Also mussten, nach heftigem Wortwechsel, die Berichterstatter den Saal wieder räumen, erinnert sich der gelernte Filmemacher Weiß, der damals als Berater für die von ihm mitgegründete Bürgerbewegung "Demokratie Jetzt" am Runden Tisch saß. Doch damit wollte sich die Opposition nicht abfinden, so dass sich nach kurzem Streit die Türen für die Medienvertreter wieder öffneten und für alle folgenden 15 Sitzungen auch offen blieben. Eine wesentliche Hürde für den Versuch, im Dialog zwischen den alten und neuen politischen Kräften nach Wegen aus der schwersten Krise der 40-jährigen DDR-Geschichte zu suchen, war damit zweifellos genommen.

Dabei war bereits die Tatsache, dass sich die SED überhaupt dem Dialog mit den Oppositionsgruppen stellte, ein bis dahin in der DDR einmaliger Vorgang. Denn über 40 Jahre hatte die Partei – gestützt auf die militärische Macht der sowjetischen Truppen und der eigenen Sicherheitskräfte - mit absolutem Führungsanspruch das Land regiert. Entsprechend rigoros war der Umgang mit denjenigen, die sich dem Machtanspruch nicht beugen oder für andere Ziele streiten wollten.

Der Druck, der auch nach Öffnung der Mauer nicht nachließ, und das zunehmende Chaos in Betrieben und öffentlichen Einrichtungen durch die täglich tausendfache Abwanderung von DDR-Bürgern schien Anfang Dezember 1989 der SED keine andere Wahl zu lassen, als sich dem Dialog mit der Opposition zu stellen. Die Idee dazu war keineswegs neu, sondern bereits in Polen zwischen Regierung und der Gewerkschaft Solidarnosc praktiziert worden. Und auch DDR-Reformgruppen hatten im Laufe des Jahres 1989 wiederholt zum Dialog über die Probleme im Land aufgerufen.

Sie waren es auch, die im Herbst 1989 die Kirchen baten, zu einem zentralen Runden Tisch in der DDR einzuladen. Als im November dann die SED Bereitschaft signalisierte, waren die Vorbereitungen schnell erledigt. Das zentralgelegene Dietrich- Bonhoeffer-Haus in Berlin-Mitte sollte Tagungsort sein. Je ein Vertreter der evangelischen und katholischen Kirche sowie der Arbeitsgemeinschaft christlicher Kirchen in der DDR sollten als Moderatoren amtieren.

Nicht Ersatz für die Regierung, wohl aber deren Kontrolle wollte der Runde Tisch sein. Das war angesichts der fortgesetzten Versuche der Modrow-Regierung, für seine Partei zu retten, was zu retten war, kein leichtes Unterfangen. Gut sechs Wochen gingen ins Land, bis sich auch in der mittlerweile umbenannten PDS die Einsicht durchsetzte, dass ihre Vorherrschaft zu Ende war.

Schon in der ersten Sitzung stimmte der Runde Tisch einmütig für die vollständige Auflösung der verhassten Staatssicherheit unter ziviler Kontrolle sowie für die

Ausarbeitung einer neuen Verfassung und für freie Wahlen. In den folgenden Sitzungen - in aller Regel einmal wöchentlich - kamen aber auch Wirtschafts- und Finanzfragen, der Arbeitsmarkt und viele andere Politikbereiche zur Sprache.

Grundprinzip dabei war und blieb die Öffentlichkeit, die nach dem Wechsel vom Dietrich-Bonhoeffer-Haus in ein Berlin-Pankower Tagungszentrum zusätzlich durch Live-Übertragung der Sitzungen in Hörfunk und Fernsehen gewährleistet wurde. Auch er habe die Bedeutung öffentlicher Beratungen erst am Runden Tisch schätzen gelernt, äußerte später Oberkirchenrat Martin Ziegler, der als einer der drei Moderatoren maßgeblichen Anteil am Erfolg der Arbeit hatte. Damit wurde der Runde Tisch zur Schule der Demokratie. Zugleich entwickelte sich daraus eine Streitkultur, die über die zahlreichen Runden Tische, die im Winter 1989/90 auf allen politischen und gesellschaftlichen Ebenen im Land entstanden, eine unbeschreibliche Breitenwirkung entfaltet hat.

Hans-Jürgen Röder

Tausende von Menschen nehmen am 22. Dezember an der Eröffnung des Grenzüberganges am Brandenburger Tor teil (epd-Bild/Schoelzel)

Autoren und Herausgeber

Georg Gruber, Jahrgang 1966, seit März 1999 Schüler der Evangelischen Journalistenschule, Praktikant beim epd-Landesdienst Ost in Berlin.

Hans Hafenbrack, Jahrgang 1936, Journalist und Theologe; 1960 bis 1978 im Dienst der württembergischen Landeskirche, ab 1978 Redakteur des epd und von 1981 bis 1998 Chefredakteur der epd-Zentralredaktion in Frankfurt am Main.

Sabine Henning, Jahrgang 1967, seit 1998 Redakteurin des epd- Landesdienstes Ost in Magdeburg; zuvor Volontärin und Redakteurin beim „Stader Tageblatt".

Roland Kauffmann, Jahrgang 1947, Leiter des Nachrichtenressorts der epd-Zentralredaktion; von 1971 bis 1982 Redakteur des epd-Landesdienstes Pfalz, seitdem in der epd-Zentrale in Frankfurt am Main.

Hartmut Lorenz, Jahrgang 1954, seit 1990 Redakteur des epd-Landesdienstes Ost in Berlin; zuvor Bankkaufmann in Ost-Berlin, danach Redakteur des Evangelischen Nachrichtendienstes in der DDR.

Bernd Mayer, Jahrgang 1942, seit 1972 Redakteur des epd-Landesdienstes Bayern in Bayreuth; Buchautor, Zweiter Bürgermeister der Stadt Bayreuth.

Bettina Röder, Jahrgang 1953, seit 1999 Leiterin des Berliner Büros der Zeitschrift „PublikForum“. Nach dem Studium Lehrerin in Großenhain, seit 1981 Redakteurin und Chefredakteurin bei ostdeutschen Kirchenzeitungen.

Hans-Jürgen Röder, Jahrgang 1946, seit 1990 Chefredakteur und Geschäftsführer des epd-Landesdienstes Ost; zuvor Redakteur der Fachzeitschrift „Kirche im Sozialismus“, ab 1979 bis 1990 epd-Korrespondent in der DDR.

Wilhelm Roth, Jahrgang 1937, seit 1981 Redakteur beim Evangelischen Pressedienst, zunächst für „Kirche und Film“, seit 1984 verantwortlicher Redakteur der Fachzeitschrift epd-Film in Frankfurt am Main.

Dr. Thomas Schiller, Jahrgang 1963, seit 1999 Chefredakteur der epd-Zentralredaktion in Frankfurt am Main; von 1990 bis 1999 Redakteur der Deutschen Presse-Agentur in Erfurt, München und Paris.

Uwe von Seltmann, Jahrgang 1964, seit März 1996 Redakteur des epd-Landesdienstes Ost; nach Theologiestudium Besuch der Evangelischen Journalistenschule in Berlin.

Inhaltsverzeichnis

Vorwort	3
Chronik vom 18. bis 24. September 1989	7
Stellvertretend für die DDR-Volkskammer	10
Der lange Atem der Friedensgebete	13
Angst vor der „chinesischen Lösung“	15
Chronik vom 25. September bis 1. Oktober 1989	18
Unter dem Dach der Prager Botschaft	20
Chronik vom 2. bis 8. Oktober 1989	23
„Wer zu spät kommt, den bestraft das Leben“	29
„Panzer fuhren auf und vor uns saß die halbe DDR“	33
Frühere Bürgerrechtlerin Birthler für „Emanzipation“ der Ostdeutschen	35
Chronik vom 9. bis 15. Oktober 1989	37
Freiheit ist größter Wert der Wiedervereinigung	40
Chronik vom 16. bis 22. Oktober 1989	45
Poppe: Von Bürgerbewegung nur Reste geblieben	47
Chronik vom 23. bis 29. Oktober 1989	49
„Ratten wie du haben kein Recht zu leben“	53
Bretschneider: Gewalt der Stasi war beabsichtigt	57
Chronik vom 30. Oktober bis 5. November 1989	59
„China ist näher als es scheint“	63
„Die Straßen waren schwarz von Menschen“	65
Chronik vom 6. bis 12. November 1989	69
„Wahnsinn, der absolute Wahnsinn!“	75
Deutscher Frühling mitten im November	79

Nicht nur Freudentränen 81

Chronik vom 13. bis 19. November 1989 83

Kampf der SED gegen die Kirche ging
zu Lasten der Kinder 87

Vom Haus der Eltern blieben nur Fotos 89

Chronik vom 20. bis 26. November 1989 93

Programmänderung 97

EKD-Beauftragter Neukamm äußert Verständnis
für Kohls Kirchen-Schelte 100

Chronik vom 27. November bis 3. Dezember 1989 103

Vision von einer Welt ohne Waffen 105

Chronik vom 4. bis 10. Dezember 1989 109

Schule für Demokratie und Streitkultur 112

Autoren und Herausgeber 116